U0449193

李镇西 —— 著

学校的100种可能（下）

漓江出版社
·桂林·

图书在版编目（CIP）数据

学校的 100 种可能. 下 / 李镇西著. -- 桂林：漓江出版社，2024. 10. -- ISBN 978-7-5407-9856-7

Ⅰ. G4

中国国家版本馆 CIP 数据核字第 2024PS2412 号

学校的 100 种可能（下）

作　　者	李镇西
出 版 人	刘迪才
出版统筹	文龙玉
责任编辑	章勤璐
书籍设计	周泽云
责任监印	黄菲菲

出版发行	漓江出版社有限公司
社　　址	广西桂林市南环路 22 号
邮　　编	541002
发行电话	010-85891290　0773-2582200
邮购热线	0773-2582200
网　　址	www.lijiangbooks.com
微信公众号	lijiangpress

印　　制	天津嘉恒印务有限公司
开　　本	710 mm × 960 mm　1/16
印　　张	15
字　　数	216 千字
版　　次	2024 年 10 月第 1 版
印　　次	2024 年 10 月第 1 次印刷
书　　号	ISBN 978-7-5407-9856-7
定　　价	49.80 元

漓江版图书：版权所有，侵权必究

漓江版图书：如有印装问题，请与当地图书销售部门联系调换

目录
Contents

001 / 丑小鸭中学探秘
　　——"教育，就是多给生命一条路"

001 /"任何时候校长都会帮助你"

017 / 这里的每一个孩子都舍不得离去

041 / 把别人的孩子养成了自己的儿子，真爽！

055 / 有一种教育叫"生死相依"

068 / 为什么别人眼里的"差生"，却成了詹大年心中的宝贝？

074 /"到底是什么力量在改变他们的内心？"

086 / 还有哪个校园，有丑小鸭中学这么美丽而辽阔？
　　——"教育，就是多给生命一条路"（1）

089 / 已经毕业的她，为什么想"做一个丑小鸭的老师"？
　　——"教育，就是多给生命一条路"（2）

094 / 当年叫嚣要"杀人"的孩子大学毕业了，今天泪流满面感谢詹校长
　　——"教育，就是多给生命一条路"（3）

101 / 学生向老师发问："老师，你心中的问题学生是什么？"
　　——"教育，就是多给生命一条路"（4）

105 /"在丑小鸭我们找到了自己！"
　　——"教育，就是多给生命一条路"（5）

112 / 丑小鸭中学的"升学率"是多少？
　　——"教育，就是多给生命一条路"（6）

117 / 丑小鸭中学存在着什么问题？
　　——"教育，就是多给生命一条路"（7）

122 / 丑小鸭中学为什么拒绝资本投入和个人捐赠？
　　　——"教育，就是多给生命一条路"（8）

127 / 创造奇迹
　　　——杜郎口中学见闻

127 / 初识崔其升
128 / 正是他们创造了奇迹
130 / 目击杜郎口课堂
133 / 我们看到的只是冰山之一角
135 / 杜郎口中学是素质教育的典范之一
141 / 善待杜郎口课堂
144 / "有一种水，能让你喝醉……"
　　　——再访杜郎口之一
150 / 灵魂深处的声音
　　　——再访杜郎口之二
157 / "学校有风气，老师才有士气"
　　　——再访杜郎口之三
162 / "记住，有一杯别放糖！"
　　　——再访杜郎口之四
168 / 保卫崔其升
　　　——再访杜郎口之五
177 / 没有神话，谈何"破灭"？
191 / 不管外面多么喧嚣，他们只顾默默前行

203 / 有这么一所学校
　　　——吉美坚赞学校

203 / 我第一次离黄河这么近
204 / 我更急于看到吉美坚赞学校的孩子了

206 / 这里的"择校热"一点不亚于北京上海

208 / 这是真正的大智若愚

211 / 我从没看到过如此自觉投入的学生

214 / 我们听得非常认真,可依然云里雾里

214 / 阳光下最豪迈奔放的辩论

216 / 我的眼睛突然湿润起来

218 / 吉美坚赞纯真得就像个小孩儿

220 / 蓝天下最美丽的学校

222 / 一切都是那么纯净

223 / 孩子们都潮水般地向我们涌来

224 / 他们的面部有一种雕塑般的坚毅

226 / "大方向始终是正确的!"

227 / "我就培养好人"

228 / "幸福就是知足,就是问心无愧"

230 / 灵魂深处的坚韧

233 / 站得越高,眼前越开阔……

丑小鸭中学探秘
——"教育,就是多给生命一条路"

"任何时候校长都会帮助你"

一

我以前不认识詹大年。偶尔在网上看到他的名字,隐约知道他是昆明一所民办学校的校长。这次到云南宜良,初次见面他就把我征服了。

"问题孩子他爹",是詹大年名片上的自我介绍。因为他的学校专收全国各地其他学校踢来踢去不要的学生。"别人不要,我要!"他说。

那么怎样的孩子是"其他学校踢来踢去不要的学生"呢?当然不是能够考上清华北大的"尖子生",而是那些家长管不了而学校也不敢管的孩子。

詹大年把他的学校取名叫"丑小鸭中学"。读过安徒生童话的人都能明白这个校名的含义,即这些孩子其实都是未来的"白天鹅"。这个校名寄寓着詹大年对这些孩子的爱和信任。

因为在詹大年心里,这些学生并非一成不变的"特差生",只不过是"不适应传统教育"而

詹大年校长

已。他认为，有些孩子特别聪明、特别感性、特别善良、特别有才，但他们不适应传统的体制内教育，不接受传统的评价，因而或厌学，或逆反，或冷漠，或逃避……被称为"问题学生"。因为是"问题学生"，便被家长打骂，被老师歧视，被同学排斥，被学校"劝退"……而这一切，才把他们真正推向了"特差生"的行列。

"许多孩子都是被绑来的，或者被骗来的。"詹大年说。由于种种原因，初到这里的学生都是"劣迹斑斑"——这可不是夸张。詹校长给我介绍说："还有的女孩子是怀着孩子被送到我学校的。"

其实类似的学校我也听说过，比如工读学校，或者网上传闻的各种戒网瘾的学校。"但我们学校就是一所正规的初中。"詹大年强调说。

因为是"一所正规的初中"，所以该校开设了初中阶段所有课程。但毕竟生源和其他正规的初中有所不同，因此他们还有针对性地开设了军事、心理、瑜伽（女生）、艺术、人格、健康、表达、梦想等10余门校本课程，此外，还开设了学生社团等自由课程。

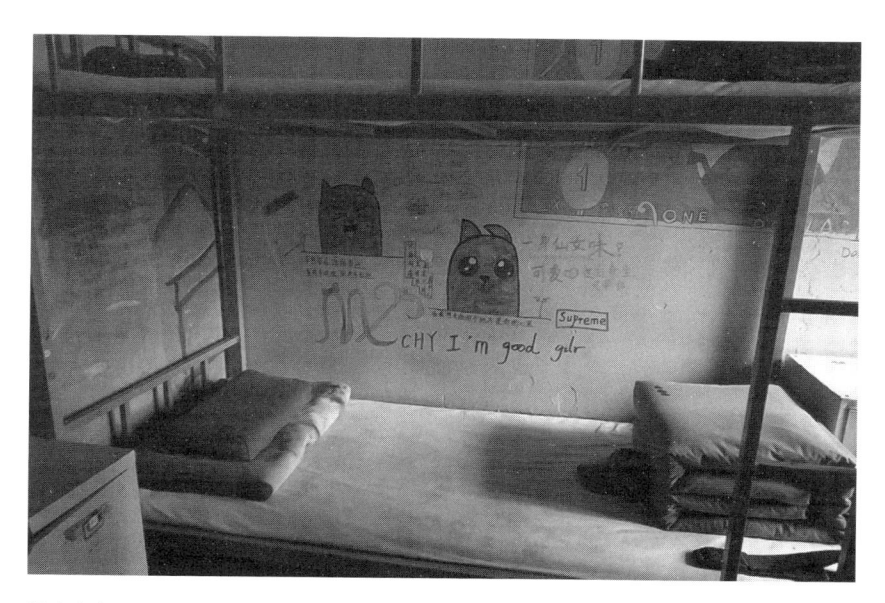

学生宿舍

二

詹校长带我转校园。我先来到学生宿舍楼。无论是女生宿舍还是男生宿舍，都十分干净整洁，尤其是那叠成豆腐干形状的被子，刀切一般的棱角，让我仿佛置身于军营宿舍。但墙上的各种彩色图案，又提醒我这并非军营。"那是学生自己画的，随便他们画什么，我们不管的。"詹校长说。

出了宿舍楼，看到远处有一群初二孩子在上体育课。当我走近他们时，孩子们很有礼貌地向我问好："老师好！"他们温和的举止，让人很难看出他们过去是怎样的顽劣不堪。在初一和初三的教室里，孩子们在聚精会神地听课，或热烈地分组讨论。

唯一与我看到的其他学校教室不同的是，每个班都只有20来个学生。詹大年说："我们不敢多招，必须小班化，这样才能保证对每一个学生的关爱，保证教育真正走进每一个学生的心里。所以现在我校每个年级20个孩子，全校60来个学生。"

"有的学校会用电击等手段惩罚学生，但我们一开始就反对体罚学生。"听了詹大年这话，我却无法理解，离开了体罚，学校的老师是如何

课堂

"驯服"这些学生的。

詹大年说:"在我们学校,对老师的基本要求是爱心和智慧。"他带我来到学校的心理咨询室,说:"在我们学校,学生犯了错误,最严重的处理就是被带到这里来进行心理疏导,老师慢慢和孩子沟通。"他给我看沙盘,看学生画的画、写的小卡片以及制作的手工作品。

既然詹大年自称是"问题孩子他爹",那他自然十分疼爱孩子。他说:"这些学生对我特别亲热,他们都知道我是可以被他们挑战的,这样便形成一种传统,新来的孩子会从上一届的孩子口中了解到这个学校的校长是怎样的一个人,他们也就不怕我,和我亲近了。"

这个"爹"常常在假期带着他的孩子们全国各地疯玩儿:北京、四川、湖南、海南、广西、贵州……

三

我看过太多的学校,把"以人为本""一切为了学生"之类的话醒目地写在墙上,可在丑小鸭中学的校园里,类似的话一句都没有。相反,

詹大年带着孩子们玩漂流

我看到在每一间教室的墙上，都写着这样的话：

> 任何时候校长都会帮助你。詹大年电话：13888378833，QQ：695628896，微信：zhandanian8833，博客：詹大年的博客。

"任何时候校长都会帮助你"，这句平淡而温馨的话连同手机号、QQ号和微信号，让我感动万分，肃然起敬。试问，全国有几个校长敢把自己的个人联系方式如此向学生公开？

更耐人寻味的是，它们没有显赫地写在校门口的墙上以展示校长的"爱心"，而是低调地写在每一间教室里。因为它们是写给孩子们看的，而不是写给前来参观的嘉宾、验收的专家或视察的领导看的。

那么多学校写（或镶嵌）在墙上的"办学理念""培养目标""校风""教风""学风"等醒目精致的美术字，顿时在我心中黯然失色。

因为这些字句都是展示给来宾看的，和学生关系不大——如果是在小学，那孩子们根本就是看不懂的。

詹大年就住在学校。我问他："是不是每天晚上你都提心吊胆，随时准备应对学生的突发事件？"

他说："以前有过，但现在完全没有这个担心了。"

在和詹校长聊天的过程中，没有听到一句他抱怨学生的话，都是疼爱和欣赏。他说："也许我性格如此吧，我看每一个孩子都特别顺眼。"

四

詹大年的确天性善良，富有良知。很多年前，他捡了一个刚出生几天的弃婴，是个女孩，他毫不犹豫地将孩子带回家，当作自己亲生的孩子养着。大年给我看了10年前孩子骑在他脖子上的照片，孩子的快乐和父亲的满足感染着我。

"她6岁的时候，给我写过一封信，信封上是一个回家的女儿和一个在门口等候的爸爸，这是孩子自己画的。我看到这封信，哭了！"大年给我看他保存至今的信和信封。

这封信不长，但每一个字都戳中我的泪点——

爸爸您一定很辛苦吧？谢谢您的养育之恩，我一定会考一个好成绩报答您。最后祝您节日快乐、高高兴兴、快快乐乐、身体健康。还有您老了之后，我会像您照顾我那样照顾您。

我爱爸爸！

您的女儿　詹缘之

大年给我解释："女儿5岁上学，这是父亲节她写给我的。我给她取名'缘之'，因为我觉得我和她有着生命的缘分，'之'的意思让她长大后自己想。"

现在这孩子已经读高三。"孩子很优秀，明年考一本应该没有问题！但是，她是从来不去补课的，因为我不同意。"詹大年说着，充满自豪。

五

也是因为爱和良知，当了13年公办学校的校长后，他毅然辞职。"我看不惯那些不择手段挖优生、赶差生，千方百计捞油水的校长——他们的工作却风生水起，他们如鱼得水。要我不择手段地去挖优质生源，然后千方百计地挤走差生，以提高所谓'办学质量'，我难受！但在体制内的学校，这样做似乎是天经地义的，是潜规则。我改变不了别人，于是我干脆走人。"

詹大年说："我从20多年前一直到现在就读您的书，看您的视频，您的教育理念对我的影响太大了，我好多做法都是向您学习的。每年的教师培训，我们都把重点放在如何建立师生关系方面。我的培训课程很省事，就是把您的文章和视频推给老师们自学。学过后要考试的。怎么考试？就是每个人上一堂研究课。"

他说得很真诚，我听着却很惭愧。我说："我哪能和你比呀！虽然我也曾经把后进生集中在一个班主动当班主任，但我绝对没有勇气办这样一所学校。"不说其他的，我就不敢把我的手机号、QQ号、微信号向全校学生公开，何况詹大年的学生是怎样的"另类"。

我在微信上写道："办一所学校，专门招收别的学校不要的'差生'，这样的校长我佩服。詹大年就是这样的教育者。"

让我敬佩的当然不只是詹校长，还有这个学校的老师。他们大多是年轻人，充满激情、富有爱心，并在不断攻克一个个难题的过程中积累着智慧。因此，我在讲座中，当着县教育局局长和两百位校长、骨干教师的面说："那些靠教本来就很优秀的学生而成为'优秀老师'的老师，并不是真正的优秀老师；只有能够教差生的老师，才是真正的优秀老师。丑小鸭中学的老师们就是真正的优秀老师！"

六

在这里，我不避讳"差生"这个说法。我和詹校长专门讨论过这个词，我们都认为，变着花样地换表述——什么"学困生"呀，"潜力生"呀，"待优生"呀，"问题学生"呀，"特殊学生"呀……看似尊重学生，其实是不承认现实。差，是一种客观存在，没必要回避这个说法。只是不要用"差生"去直接称呼学生，而用于研究这类学生是完全可以的。但是我们要明白，这个学生今天"差"不等于永远"差"，这个方面"差"不等于其他方面都很"差"。重要的不是如何称呼他们，而是如何对待他们。

在学校的荣誉墙上，我看到这样的奖牌——

张红艳：云南省优秀学生干部

陈雪蓉：昆明市三好学生

周银鑫：昆明市三好学生

程星鑫：昆明市三好学生

陈俊儒：宜良县三好学生

……

也许学生获得的这些奖牌在其他学校算不上什么，可在丑小鸭中学，他们已经是美丽的白天鹅了！

我还在校园里看到一幅已经有些褪色的照片：两个漂亮的女生，脸上洋溢着青春的笑容，那么阳光，极富感染力。我忍不住问大年："这是你学校的学生吗？"

大年说："是呀！"

他给我看了这张照片的原图，两个女孩真是漂亮可爱！

我无论如何没法将这两个女孩同"差生"的概念联系在一起。大年得意地告诉我："我的第一本著作，这两个女孩就帮我编辑整理了。"

说着，大年送我一本书，这是他的一本教育随笔——不，准确地说，是他和他学生作品的合集，正如书名所说是"丑小鸭校长与白天鹅孩子"。

"我的几个学生为这本书付出了太多，他们那么认真地帮我整理编辑。"大年说。

我翻开扉页，上面有这几个孩子的签名，里面的插图也很精美，富有情趣。"也是孩子们画的。"大年说。

七

随便翻开一页，学生的文字便把我吸引了——

我在这里挺好的

来到这儿是我这十四年来做的最正确的选择。——题记

作者　徐怡洁（丑小鸭中学 8 年级）

其实，在刚听到"丑小鸭中学"这五个字的时候，我真的觉得挺土气的，总感觉这个学校好不到哪里去，毕竟在我个人的意识中一个好一点的学校是不会取这种名字的。但让我做梦都想不到的是，我来到了这个学校。

那天天气很冷，我被母亲从床上硬拉起来。我极不情愿地跟着她去到了在我眼中如地狱一般的地方——学校。我本以为

这只是一所普通的中学，却不承想我的人生会在这里发生彻彻底底的改变。

当一个人面对一个完全陌生的地方和一群完全陌生的人时，他会怎么做呢？

事实证明我很快地融入了这个"大家庭"。我在这里生活得意想不到的开心，以至于后来连我爸妈都不敢相信这是那个昔日令他们头痛不已的"坏女儿"。

这儿的生活和我刚开始想象的截然不同。我在这儿遇到了一群最可爱的人，其中，最值得一提的便是我们学校的校长——詹校。他，是一所封闭式学校的校长；他，是一位资深的教育学家；他，是一位学识渊博的智者……但，这些都是人们对他的评价。

他在我眼中，是良师，亦是益友。你可以把他当朋友，向他诉说心中的压抑；你可以把他当亲人，从他身上寻找爱的关怀；你也可以把他当成你生命中的一个过客……毕竟，他对我们的付出从未索取过回报。

记得有一次，他带着我出去参加一个在一所大学里举办的教师招聘会。当时有很多人，几乎是水泄不通。詹校是极度信任我的，我提着学校的宣传册与招聘表格一路小跑地跟在他的身后，他却只是叫我"跟紧些"，完全不担心我会中途逃跑之类的，顿时让我心生暖意。

我胸前挂着参会证，以一个工作人员的身份面试大学生应聘者。詹校教我招聘的技巧："你第一眼看得上的，就使劲提问烦他，然后请他递交简历……"

午饭时候，詹校把我和他的几个朋友带到一家小餐馆。他把菜单推给我："你是女孩子，我们都听你的，爱吃什么点什么。"

会后，我抱着堆成小山似的简历回到学校，在其他同学羡慕的目光中，成就感和自豪感油然而生……

从前的我走过弯路，做过错事。但来到了这里，我懂得了什么是成长，什么是宽容，什么是原谅……我与詹校接触了一段时间，在他宽大肩膀的庇护下，安全感是由心而生的。仿佛有他在，天塌下来也是不足为惧的。詹校说过一句话："每一个孩子都是可爱的天使，只要保护好了他的翅膀，终会飞向蓝天。"

2015 年 12 月

八
我和詹校

作者　杨昊明（丑小鸭中学9年级）

在我眼里，詹校是一位很有理想的教育家。

他很可爱，也很爱我们。

他创办的学校丑小鸭中学是一所很特别的学校。也许在其他学校我的学习成绩不好会受到老师的歧视，但在这个学校却不会。这里的老师会给我们更多的呵护，他们陪伴我们的日常生活，对我们有着特别的感情。

詹校是这个学校最可爱的人。他幽默、风趣，像个孩子一样和我们一起开心，一起笑。

记得初一年级的第二学期，詹校来接管我们的语文课。那时，我的语文成绩很差，普通话也不好，上课都不敢大声朗读，更别说写文章之类的。第一堂语文课，他叫我们全班每个人起来读一段课文，选自己最喜欢、最拿手的。当时，好像每一个同学都朗读得很好，只有我读得吞吞吐吐的。我当时的普通话很不好，站起来读的时候发音都很不标准，我感到很害羞。全班同学都读完了，詹校长也读了和我一样的一篇课文——《沁园春·雪》。他读的时候很专注、很深情，但我还是有一部分没有听清楚。

读完后，他说："小明啊，你应该谢谢我。你的普通话本来是全班第一丑的,但是我来了以后你就是全班第二丑的了。"

"哈哈!哈哈哈哈!"全班同学大笑起来。

我也笑了。

瞬间,我充满了自信。

从那一节课开始,詹校的课我从来不敢马虎。每一节课都有我提问的声音。我想,詹校的普通话可能永远也无法跟我比了。

我很感谢他,感谢他没有像外面的老师那样歧视我、排挤我;我很感激他,因为我在公立学校的时候什么都是最差的……

我爱詹校,在他的怀里我很温暖,他像父亲那样温暖。

2015 年 12 月

九

还有一对母女的文字——

我的故事

作者　王颖(丑小鸭中学 9 年级)

"丑小鸭"是一个我又爱又恨的地方,这里充满了泪水,充满了欢笑,我在这里发芽成长。

2014 年 9 月 25 日我来到了这里。当时,叛逆的我恨透了这个学校,除了伤心还是伤心,整天郁郁寡欢。在我伤心的时候,第一个开导我的人出现了!她就是我们的心理老师——李老师。

李老师个子不高,但是脸上随时都带着微笑,给人一种和蔼且强大的感觉。她在我想家、孤单、无助的时候陪我聊天,和我谈心。她告诉我好多我不知道的事,教我我不知道的道理,教我以后如何和我的爸爸妈妈相处。就这样,她成了我最好的倾听者,最好的心灵导师。也借此机会我认识了一个叫詹大年的人。

他是我们的校长。听说詹校人挺好的。心理老师的介绍,把他说得似云雾里的神仙一样，什么困难都能解决，因此我特别想和他谈谈心。

我做好了准备，带着激动又紧张的心情，找到了"神奇"的詹校。

那是我第一次和詹校谈话。他脸上挂着笑容，露着几颗牙齿，眼角有些许皱纹，没等我开口就问我："来学校适应了没？"还跟我谈了很多他的故事。一节课很快过去了，我和他说了我来学校前的事情，和他谈起了我的家人，甚至我还幽默地问他："詹校，你说我是不是老爸老妈在医院抱错了？为什么和他们无法沟通，连性格都是差异那么大？"他没有像其他校长那样责怪："你怎么能这样想？"而是认真地教我，跟我讲述如何和老妈相处交流，向我分析了我妈妈的性格。他说妈妈是九型人格里面的完美型，做任何事都一丝不苟，对我的要求也一丝不苟，而我是属于乐观型的，做事大大咧咧，快乐主义。因为性格的差异，自然就有了许多摩擦。听詹校把九型人格说得那么神奇，我接触了九型人格，知道了原来人的性格其实很简单，知道了人与人之间那么多融洽、误会与差异的根本所在，知道了和父母无法沟通的原因是什么。他同样也幽默地回答："嘻嘻，你和你妈妈性格差距那么大，说不定你妈在医院真抱的是别家的娃娃呢。"

回想当时，我和詹校似乎只是朋友，对他完全没有和其他校长一样的距离感，更不用拘束，有什么都可以说，就像心理老师说的那样，他很神奇什么都能解决。就这样，我慢慢地适应了这个学校，也慢慢地从讨厌变成了喜欢，变成了舍不得离开。随着时间的推移，我也从一个任性的"问题孩子"变成了一个懂事的孩子。我学会了宽容，学会了理解体谅，学会了和爸爸妈妈相处，这一切的一切是因为我明白了一个道理，就是不管怎样也不能让在乎自己的人失望。

我在"丑小鸭"长大，我爱上了这个我曾经厌恶的地方，我更感谢我这位特别的良师益友——詹校！

我还答应过他：我要好好考上高中的。

2015 年 12 月

我的丑小鸭在向白天鹅"羽化"！

作者　刘显萍（王颖妈妈）

看着舞台上女儿灿烂的笑容、优美的舞姿，我的心里暖暖的。"下面请我们学校的才女王颖为大家演奏钢琴独奏《童年的回忆》！"琴声响起，掌声雷动，这是丑小鸭中学一年一度的校园文化艺术节，也是期末颁奖会。节目演出完毕，开始为孩子们一学年的成绩颁奖。听到女儿的名字一直在老师的口中重复，我不禁一阵激动。当那只欢快的小鸟从舞台上飞奔下来向我捧上成绩单与一张张奖状的时候，我再也控制不住自己的情绪，曾经的绝望与辛酸也一股脑涌上心头。

一年前的她叛逆得天翻地覆。女儿曾经也是个品学兼优的好孩子，在老师眼里是重点培养的好苗子，总是那么快乐，是全家人的开心果。可不知什么时候开始，她脸上的笑容慢慢消失了，学习的劲头也减弱了，每天放学就把自己锁在房间里，问她怎么了，她不是发脾气就是哭，接下来是老师的各种告状。这突如其来的变故搞得我无所适从，这孩子怎么突然不听话了？我震怒之余狠狠地教训了她一顿，第二天却被老师告知她旷课了。这还了得？准备回去兴师问罪，谁知她一进门就闹着要转学。

"这是什么事？自己做错事老师批评就要转学了？不可能！你认为学校是你家开的？想去哪上就去哪上？"我一顿狂批。

接下来的一段日子，女儿似乎安静了许多，然而，我被学校"请"的次数却与日俱增，这让我非常恼火。她反常的行为让我越来越不安。终于，在一天夜里她睡着时，我看到她手上一道道的血痕。我惊呆了，揪心地疼啊！无奈只好给她转了学。

三个月后她又开始无故旷课，最后发展到离家出走。全家人吃不下饭，睡不着觉，满世界地寻找，报了警……回来了不知道什么时候又不见了。那段日子我几乎崩溃，白天上班，晚上找她，弄得身心疲惫，无数次想放弃——由她自生自灭吧！可转念一想，要是连我都放弃了，那她就真的没救了。在我们全家几乎绝望的时候，朋友向我介绍了丑小鸭中学，抱着试试的态度我给詹校长打了电话。结果，成功了！这才有了今天的王颖！

一年过去了，女儿又恢复了开朗的性格，愿意主动与我们沟通了，真的成了我的贴心小棉袄，家里又有了往日的欢笑声。她不但学习成绩提高了，还在学校学习了架子鼓，学会了洗衣服、做饭，更值得骄傲的是她担任了《丑小鸭校长和白天鹅孩子》编辑部的副主编。这么大的转变和进步让我始料未及。

"妈！我从前不懂事，以至于走了那么多弯路，让您和爸爸操心了。放心！我答应詹校一定努力学习考上高中，女儿不会给你们丢脸的！"多么暖心的话，孩子真的长大了、懂事了。看着眼前这个充满自信的阳光女孩，心里满满的全是幸福——我的丑小鸭在向白天鹅"羽化"！

孩子，你的人生之路才刚刚启程，未来不可能一帆风顺，挫折和失败也是人生的一部分。要把每一次挫折都当成往深处扎根的机会，让生命之树茁壮成长。只有在经历挫折的磨砺中超越苦难的人，才能真正成长为生活的强者！妈妈相信你！

2016 年春节

十

读着这些承载着大年和孩子们感情的文字，我先是眼睛湿润，连读几篇，积蓄已久的眼泪终于夺眶而出。

我忍不住想，为什么这些孩子在原来的学校和老师没有这样的情感呢？

当然，这本书不仅仅凝聚着师生感情，更积淀着大年对教育的感悟和思考——

在孩子面前，傻乎乎的简单，傻乎乎的真实，会让你更可爱。你可爱了，孩子就会和你走得更近了。

任何一个孩子都是聪明的，只是他们聪明的方式不同；任何一个孩子都是优秀的，只是他们优秀的方式不一样。

用学生喜欢的方法，教学生需要的东西。

教师的工作，是"帮"学生，而不是"管"学生。

好老师是一个"好人"，他首先把孩子当人看；好老师是一位"真人"，他不会装模作样；好老师是一位"智者"，他传递智慧而不只是传授知识。

对学生来说，离开学校多少年以后，把很多老师都忘记了，却还记得的这个老师，才是好老师。

教育，是不计后果的信任，是不知深浅的摸索，是不怕牺牲的投入，是永不放弃的执着。

校园，因"我"而美丽；学生，因"我"更幸福。这，才是一个真正的有价值的老师。

……

丑小鸭中学建校于2011年，当初大年倾注自己的所有积蓄，做生意的弟弟也给了他一笔钱，在昆明市宜良县附近一座小镇旁边，找了一处废弃的旧校舍，算是把学校办起来了。"我没想过要赚钱，办这种学校也赚不了钱，不过我现在已经是正资产了，如果不包括现在的欠账的话！"他乐呵呵地自嘲道。

7年过去了，大年和他的同事们取得了令人欣慰的成绩。说起这些，大年如数家珍：2000多个曾经弃学叛逆的"问题孩子"到丑小鸭中学后，基本恢复了生活、学习的常态。现在有的上高中，有的上大学，有的已经工作了。

"一个被我亲自'绑架'过来的女孩，考上五年制大专，毕业后被北京武警总医院录用了。还有好些孩子已经有了自己的小公司了。"大年眼睛笑得眯成一条缝，俨然是在说他已经当上总统的孩子。

我说："这些孩子该是多么感谢你呀！"

"嗯，一到节假日，我都不敢离开学校的，因为毕业的孩子们要回来呀。"大年说着，又嘿嘿笑着，过早沧桑的脸上，连眼角的鱼尾纹都堆满了幸福。

十一

当然，实事求是地说，并不是每一个来这里的学生都教好了，因为并不是每一个学生都能够被教好，但大年敢于办这样一所学校，并努力争取让尽可能多的孩子回到正常成长的轨道，并获得自己的幸福，这种探索和努力在当今这个势利的教育背景下，是极为可贵的，是值得尊敬的——我对大年唯有膜拜！

现在，依然有家长源源不断地把让他们感到绝望的孩子送到詹校长这里来。大年对学校的前途没有表现出特别的乐观，也没有表现出特别的悲观，他淡定而执着。他没有"高瞻远瞩"的"战略眼光"，只有当下的一个个孩子和家庭。

他说："我没想过失败，也没有想过会倾家荡产，我只是想如果我能让一个被放弃的孩子回到正常的生命状态，就是成功；如果能够让几近崩溃的家庭找回欢笑与希望，就是幸福。"

今年教师节那一天，大年在微信公众号上这样写道——

生命，来也平淡，去也自然。
生命里，本来就没有什么特别的大事。
哄孩子，教自己，每一天。
这样，很好。

2018年9月13日于昆明至郑州的航班上

附：丑小鸭中学的教师招聘启事（我数了数，整个启事仅数十字。这是我看过的最简洁最真诚的招聘启事了）

昆明丑小鸭中学

聘初中文科、理科教师各1名。

要求：一、爱学生，无条件。因为我们的学生还走在成为天使的路上。

二、尊重个性，关注人性。

三、有专业的学科功底。

四、爱笑，会玩。

详询：0871-67516111（李主任）

这里的每一个孩子都舍不得离去

一

我再次来到丑小鸭中学。

早晨的阳光温和地洒在山坡上的校园里，洒在缓缓随风飘荡的国旗上，洒在教学楼道里正在擦拭玻璃窗的孩子身上。

和詹大年校长转到了教学楼，迎面不时有孩子打招呼"老师好"并微微鞠躬或点头，他们的面容温和而淳朴，我完全想象不出他们以前的样子。

我对大年说："我想找几个孩子聊聊，可以吗？"

他说："当然可以。"然后就近招呼正在认真而吃力地擦拭教室玻璃窗的两个男生过来，他对两个孩子说："这位老师想和你们聊聊，到心理咨询室吧！"

我想，校长都发话了，他俩应该马上跟我走。谁知他俩对校长说："好的。等我们把这窗户擦完了就去。"

詹校长说："那好，我们在心理咨询室等你们。"

这个细节让我有些惊讶，也有些感动。惊讶于他们不听校长的话——

丑小鸭中学校园一角

按说，校长都发话了，学生完全应该放下手中的活儿跟我走，可他俩居然说要把活儿干完再去。如果在其他学校，有的学生巴不得停下这又苦又累的活儿呢！感动于他们的责任心——既然擦窗户，那么就必须认真完成，而不能半途而废。

当然，这只是我当时的感想，其实对两个孩子来说，没想那么多，习惯而已。

二

心理咨询室和教学楼隔着操场。我等了一会儿，两个男孩进来了。其中一个看上去文弱的男孩搀扶着另一个看上去比较壮实的男孩。我这才注意到，那个壮实的男孩腿不方便。

"怎么了？"我问。

他憨厚地笑笑："没什么！就是前段时间打篮球不小心摔伤了。"

"骨折了吗？"我又问。

"没有，"他说，"就是伤了韧带。"

他俩坐好后，我问："你们是几年级的？"

"初三。"他俩不约而同地答道。

那位腿受伤的男孩坐我旁边，我先问他："你叫什么名字啊？"

他大声地说："我叫徐明亮。光明的明，亮堂堂的亮。"

"哟，多好的名字，明亮！"

然后我把目光转向他旁边的另一个男孩，还没等我开口，他就主动说："我叫和健鹏。健康的健，大鹏的鹏。"

"呵呵，"我乐了，"健康的大鹏！"

他俩都笑了。

我又问："你们都是初一就进来的吗？"

和健鹏说："我是初二下学期进来的。"

徐明亮说："我是初一进来的。"

我先问徐明亮："明亮是哪里的人？"

"我就是云南人，宜良人。"

"哦，就是本地人嘛！"我问，"那你怎么想到到这里来的？"

我与学生徐明亮、和健鹏交流

他有些不好意思地说："以前的学校，老师对我们这些学习不好的学生不好嘛，然后呢，我自己又交了一些不好的朋友，就在一起玩，不想读了，觉得还是外面好玩，所以我初一只读了两个月，就不读了。在外面闲了差不多一年的时间。"

"啊？一年？"我问，"那一年的时间你做什么？"

"就是和朋友在外面玩儿，喝酒，抽烟，反正瞎混。"

"那空闲的时候做什么呢？"我继续问。

他说："实在无聊了，就去奶茶店买杯奶茶混时间。"说到这里，他满脸后悔，"那时候，唉，现在想起来有点后悔。后来我妈打听到有这个学校，就把我送过来了。那时是我应该读初二的时候。"

我说："你那一年根本没去学校，你爸爸妈妈不着急吗？"

"就是因为他们着急，才会把我送到这里来。"他说。

"那为什么不把你送回原来的学校呢？是原来那个学校的老师看不起你们这些成绩不好的学生吗？"我问。

他点头，说："是的，老师不怎么管我们，歧视我们。大多数同学也看不起我，只有几个坏学生和我玩，好学生根本不理我。"

我问："在老师同学心目中，你就是个坏学生吗？"

他说："差不多就这个意思。在以前学校的时候，天天都让我在教室外面站着，经常被罚站。"

"老师体罚不体罚你呢？"

"体罚的时候也有，但不多，经常骂我，还有就是罚站。有时候作业没完成或者犯了什么错误，就站一上午。"

我想象着这样的情景，一个男孩被老师呵斥，被撵出教室，然后孤零零地站在教室外面的过道上，耷拉着头，当然有时候也无所谓，东张西望的。

我问："最早爸爸妈妈要你来的时候，你了不了解这所学校？"

他说："开始是不知道的。后来知道了这所学校是什么样的，我就不想来，但是来了一段时间后，我就喜欢这里了。"

三

我问:"为什么喜欢呢?这所学校和原来的学校有什么不一样呢?"

他说:"刚开始来的时候,心理老师和那些同学过来和我聊天,介绍这里的情况和这个学校的规矩。我记得三年前我刚来这里的时候,有一个学生,叫黎晋庭,大我三届,是他接待我,带我玩牌,对我很好。我一下就觉得这个地方有点不一样。"

"怎么不一样?是找到了一个有人和你说话的地方,受尊重?"我问。

"是的,我找到了存在感。"他说,"然后,詹校长和杨校长就像朋友一样和我交流,叫我先适应一段时间。我记得当时詹校长和我说话时,非常亲切,完全不像校长,他还拍拍我的肩膀。"

"原来没见过这样的老师,你很惊讶吧?"我说。

"是的。他让我适应一下,慢慢待一段时间。人家这样给我面子,我第一次遇到这样的老师。我就说,好。这样,我就在这里留下了。留了一个月,我感觉我也比较优秀。"说到这里,他自豪但似乎有些不好意思地笑了。

"嗯?现在你觉得自己优秀了,难道原来没有觉得自己优秀吗?"我问。

"嗯。"他点头,"我原来没觉得自己优秀。"

我问:"那你现在觉得你优秀在哪儿呢?"

"我觉得我有点聪明,"他说,"来一个月我就当班长了,我就带当时我们的四班。我学东西也很快,所以一个月后就当班长了。我可能是第一个来这里一个月就当班长的。"他又笑了,这次没有羞涩,满脸得意的表情。

我又问:"现在你初中毕业了?"

"是的,前几天中考了,过一段时间就通知成绩。"他说。

"你填的中考志愿是高中吗?"

他摇头,说:"没有没有。其实我考不上高中,我要去安宁读书,读云南技师学院。"

我估计这是一所职业学院，便问："你去学什么专业呢？"

他回答："我去学管理。"

由过去经常被罚站的"坏学生"，变成现在自己都觉得"我比较优秀"因而准备学管理的阳光男孩，我感慨不已。

我很关心丑小鸭中学的课程，便问他："这里的课程和原来学校的课程有什么不一样呀？也有文化课，比如数学、语文这些课都有吧？"

他说："都有。课程都是一样的，进度我也跟得上。"

我又问："除了常规的课，应该还有其他的课，是吧？"

一直在听我和徐明亮问答的和健鹏插话："有的，有兴趣课。"

徐明亮说："我们每天上午上两节文化课，再上一节军事课，最后一节是兴趣课。兴趣课有吉他、射箭等。射箭课是詹校长亲自教。我是队长。"他又得意地笑了。

我也笑了："那你的射箭技术也不错嘛！"

"这两天腿不行，好久没练了，没以前射得好。"他终于谦虚了一回。

我问他俩："你俩是一个班的吗？"

他俩回答："是的。"

"你们班现在有多少人？"

徐明亮说："应该有33个人，不过今天没这么多，因为有的已经回去了。"

停顿了一下，他说："我们对学校有感情，毕竟在这里待了三年。"

我问："你们算是在学校待得比较久的吗？"

他说："是的。"

"一般的学生待多久呢？"

"一般的待5个月，或者10个月，就是两学期。"

四

我提出一个疑问："我不太理解，为什么一般的学生只待5个月，或待两学期这么短的时间啊？是不是主要就是让学生在这段时间里恢复好的习惯，然后就回原来的学校去？"

和健鹏说:"是的,就是提高学生的思想,纠正他们的错误认识,改正缺点,让他们养成学习生活的好习惯,然后就回去。"

"哦,是这样。"我明白了。

我问健鹏:"你是哪里人呢?"

"我是丽江的,丽江古城区。"

"哦,我去过丽江,非常漂亮。你又是怎么来的呢?"我问。

他说:"我来过两次。"

我有些惊讶:"来过两次。第一次来也是初一的时候?"

"不,第一次来是2019年5月1号,是初二的时候。"他说,"那个时候我跟我爹说我来昆明看看学校。"

"那你是自己来的吗?"

他说:"我跟我爹一起来的,他带着我来看学校。下了火车老师就来接我,把我接到这里来了。"

我说:"我没太懂。你当时为什么想到要转学呢?是不是和明亮一样,因为老师看不起你?"

他说:"就是。不过,因为我爹妈在那边还是有点面子的,所以老师表面上对我没有做什么,但暗地里就收拾我,隔三岔五就叫我停课。"

"为什么?因为你调皮呢,还是成绩不好?"我问。

他说:"成绩我不差,当时是中等吧。主要是因为我调皮,还有抽烟喝酒。平时班里出了什么事,明明不是我干的,老师也要怪在我头上。比如同学之间吵架,老师也说是因为我才吵架的。于是我很生气,有一次我就逃了两个星期的课。我爹就把我拉去工地打工。"

"你去打工?你才初一,是违规的呀!"我说。

他解释说:"不是,不领工资,是去体验艰苦。那里的大老板认识我爹。我爹就让我去,去试试那种生活,让我想清楚将来要做什么。"

"哦,你爸爸就想让你醒悟。"

"对的。我去干了两天,我就说我要回学校了。"他继续说,"回到学校那天,刚好北大一个人来我们学校做讲座,我好久没有回学校了,见了同学们就和他们聊开了，聊着聊着大家都很开心，就笑了。班主任就跟我讲，你一回来就带着大家起哄，你要么读，不想读就滚蛋。我马上说，好，我滚我滚。然后我就不去学校了。"

我问："当时你在班上是不是老师眼中最调皮的一个？"

他说："其实当时班上有好多个调皮的，他们都是跟着我玩儿的，但老师都不针对他们，就针对我，特别恨我。"

"然后你就来这里了？"

"不，其实来这所学校之前，我还去过另外一所学校，是军事化管理的。他们那里不读书，就只是搞训练。我在那里待了六个月就走了，我觉得那学校不适合我，我不想在丽江待了。闲了一个月左右，然后就到这里来读书了。事先我是知道这个学校的。"

我问："你从哪儿知道的呢？"

他说："就是从我以前读的那所军训的学校知道的，所以我就想来这里。"

看来和健鹏是自己想来这里的，那么徐明亮呢？

我又问徐明亮："明亮，你呢？也是自己想来的，是不是啊？"

"不是，"徐明亮说，"父母要求我来，我呢，想让父母开心，你们要我来我就来嘛！"

"哦，那你还是比较被动的。"

五

我又转问和健鹏："你说这个学校你来过两次，怎么回事？"

"对，第一次读了五个月，然后出去到丽江的一所学校读书，"他说，"但我觉得在那所学校，同龄人和我更没有共同话题，便又没有读了，后来又来这边了。"

我有些不明白："你到那个学校，是不适应，是吧？"

"对，就是我发现他们很幼稚，从这里出去后我就感觉自己比较成熟一些，而他们讲的那些话，那些想法，那些所谓'朋友义气'特别幼稚，然后抽烟什么的，我觉得那种生活很幼稚，很没意思。"他说。

"哦，原来是你成熟了，和同龄人不在一个档次了。呵呵！"我说，"我还以为你出去后又犯错误了，便又被父母弄到这里来。原来不是的，是你觉得那里不适合你，你更适合这里，是不是？"

"对的。"他说，"我觉得虽然都是同龄人，但是和他们在一起，就像和小弟弟小妹妹一起玩。我在那里非常不愿意和他们在一起，然后我的生活老师就来接我，我就回来了。我是去年10月回来的，一直待到现在。"

我问他俩："你们的求学时间都被耽误过，那你们俩的年龄是不是比你们同年级的学生大一些呢？比如初三应该是16岁……"

他们说："我们也是16岁。"

"哦，我以为你们是降了级。"我说，"原来你们并没有降级，来这里该读几年级还是读几年级。但学业有影响吗？"

和健鹏说："没有影响。我全部都跟得上。"

徐明亮也说："我也基本上能跟得上。"

我赞叹道："那很好，非常好。"

可见孩子只要懂事了，醒悟了，愿意学了，初中的课程是能够完成的，也不需要那么多时间。

我又问了一个问题："根据你们的观察，和你们一样来这里的学生，有多少人像你们一样有了变化，或者说改变？"

和健鹏说："都有改变，当然，除了刚来的新生。"

徐明亮说："是的，每一个学生都有转变。而且出去的学生都对这个学校有些感情，很依恋的，我自己想起学校来也很感动。"

我想到刚才转教室时，看到教室后面墙上贴满了学生离别的话。那些深情的话，让人很难想象这些孩子当初大多是被"绑"来、"骗"来的，而且刚来时都哭着闹着……

我说："我也很感动，被你们感动，为你们的成长感动！也为这学校的老师感动！根据你们刚才的说法，到这里来你们感觉到的最大的不同，就是被尊重、被平等地对待。"

"是的是的。"两个孩子点头回答。

学生的离别留言

我问:"是不是来了新同学,你们要去帮着安抚开导啊?"

徐明亮说:"是呀,我们还要去接他们。"

"我知道好多学生最初都不愿来这里,那你们怎么给他们说呢?"我问。

和健鹏说:"我们根据他们的喜好,比如有些人喜欢玩游戏,我们就和他们一起玩游戏,用我们的经历告诉他们,当初我们是如何慢慢喜欢上这里的。"

徐明亮说:"先安抚他们,让他们觉得有人关心他们,他们就没有孤独感了,就觉得不被歧视了,他们就平静了。"

当初被"绑"被"骗"来的学生,后来又成了安抚同样被"绑"被"骗"来的孩子的"老师",这个转变本身就是奇迹。而它的创造者,就是詹大年校长。

我又问:"詹校长平时和你们见面的时候多不多?"

和健鹏说:"很多的,平时会和我们聊聊天、谈谈心啊什么的。我感觉詹校长是一个很重感情、很讲义气的人。"

徐明亮说:"是的。他把我们当朋友,很给我们面子。"

▲ 学生的微笑

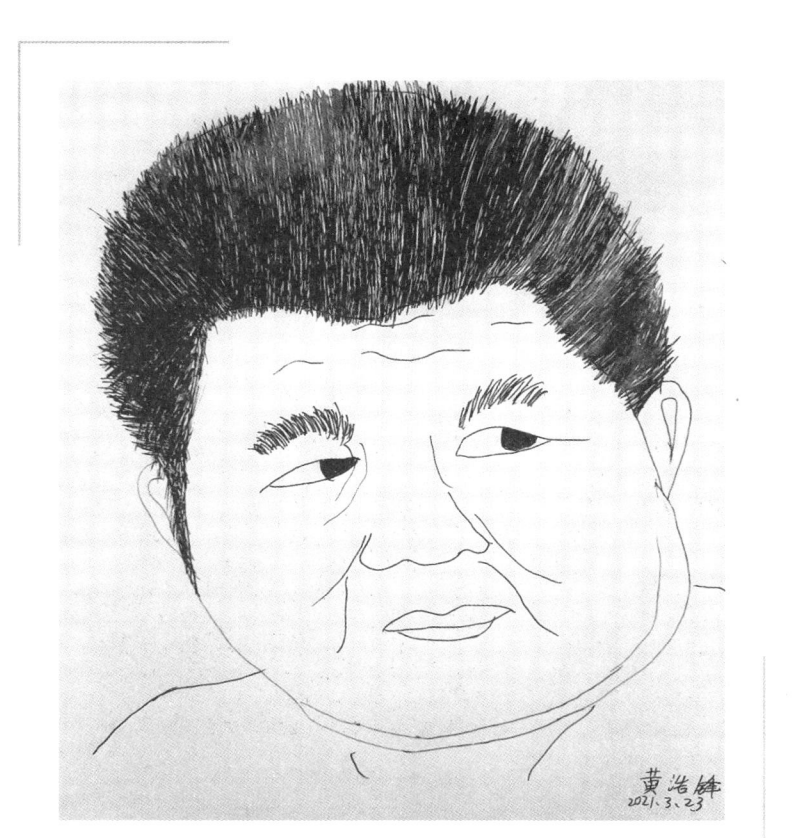

▲ 学生为詹大年校长画的画像

六

我问:"平时这里同学们之间会不会打架?"

徐明亮说:"当然也会有矛盾,但老师们帮我们解决,基本上不打架。"

和健鹏说:"再说学校就那么多人,低头不见抬头见的,所以一般不会打架的。"

"对了,我一直想问,这里的老师打不打学生的?"我问。

他俩同时说:"不打不打。"

徐明亮说:"最多是你犯了错误,骂骂你。"

我说:"据我了解,在有的类似性质的学校,就是要体罚学生的,军事化管理的。"

徐明亮说:"我知道,叫××书院,打学生。但我们这里不可能。"

正说着,詹大年进来了。

我笑了,对他说:"他们正说你的好话,正表扬你呢!呵呵!"

大年说:"都是朋友了嘛!"然后在旁边坐下。

我问和健鹏:"下一步准备到哪里读书呢?"

他说:"我去丽江古城区一中读高中,这是丽江最好的高中。"

"你的成绩能上一中吗?"话一出口我有点后悔,怕伤了他自尊。

和健鹏自信地回答:"可以的。"

"哦,那你成绩应该相当不错嘛!"我赞叹道。

他有些不好意思地笑了。

大年说:"是呀!他成绩很优秀的。"

他又指着徐明亮:"这孩子也不错,是我的徒弟,跟着我学射箭。我不在的时候,他就替我当教练。"

我对大年说:"明亮说他要去读职高,学管理,以后当官,呵呵!"

大年说:"他适合学管理。他在同学中威望很高,他特别喜欢班级。"

我说:"是的,他刚才说了,他来一个月就当班长了。"

我又问徐明亮:"你为什么那么有威望呢?"

"这……"徐明亮第一次被我问住了,"我也不知道,我觉得我从小就……反正是与生俱来的。"

我忍不住大笑:"哈哈,你天生就有领袖气质!"

"可能是吧。"他居然一点也不谦虚。太可爱了!

上课时间快到了,我最后问两个孩子一个问题:"你们觉得这个学校最大的特点,或者说和一般学校最大的不一样是什么?"

和健鹏说:"会让我们找到自信。"

徐明亮说:"会让我们有存在感。"

"谢谢!"我再次感动。

我对他俩说:"我会永远关注你们的,包括你们长大后做什么,我都会关注的。"

走出心理咨询室,我和两个孩子拍了合影。

在谦让时,我感觉不小心碰着明亮了,赶紧道歉,他却说:"没有没有,没关系的。"

"再见,李老师!别忘记加微信啊!"两个孩子向我道别。

然后,健鹏搀扶着明亮回教室,我目送他们在阳光下穿过操场远去。

七

接下来,我听了一节语文课。初一、初二正在期末考试,但因为有几十个校长来参观,学校便召集还在学校的初三学生上了一节研究课。

注意,我这里说的"研究课"并不只是供听课老师研究的课,这里的"研究"首先是上课时学生的研究。说实话,我听公开课听得多了,那种雕琢、表演、做作的课我特别不适应。但说实话,这节课很真实自然,至少没有排练过——作为教了几十年语文的特级教师,这点我还是能看出来的。

这堂课是研讨勃朗特三姐妹,老师先让学生看一个关于这三姐妹家庭及身世的视频短片,然后进行研讨。研讨题都是开放式的,好多并没有统一答案,比如,老师给了同学们一个勃朗特姐弟六人的表格,然后

语文研究课课堂

让大家从表格中找自己的新发现。这么一个简单的问题，却隐含着许多开放而新奇的"发现"，正是在这答案并不统一但每一个答案都有依据的回答中，同学们迸发出极其活跃的思维火花。又比如，勃兰威尔·勃朗特是一个什么样的人？说说是谁让他变成这样的？这也是极易引发孩子思考和讨论的问题。课堂上，孩子们热烈的讨论和激烈的争论，让我恍惚感觉是坐在大都市一流名校的教室里，我完全感觉不到这些孩子以前都是他们所在学校的"学渣"。

我特别注意到坐我附近的徐明亮，思维极为活跃，不停地举手要求发言，而他每次发言完毕，都很有风度和礼貌地面向全体师生说"谢谢"并伴随着自然的微微点头。而教师的从容、平等、尊重和他不动声色的引导以及对学生热情的鼓励，让我感慨，这是一个无论职业操守还是专业素养都令人敬佩的年轻人。

课堂上，徐明亮提了一个看似简单的问题："这一家老大、老二、老三是女孩，老四是男孩。男孩女孩都有了，为什么还要生老五、老六呢？"本来很热闹的课堂沉闷了好一阵。大年校长举手站起来了："我想回答这个问题。是不是可以这样理解——爸爸是个牧师，在基督徒的眼里，人的生命是上帝给的，要不要孩子，不是谁可以决定的。"大年校长坐下的时候，大家掌声响起。校长站起来像学生一样回答问题，这在很多学校是见不到的。

八

中午，我和詹大年校长在他办公室吃工作餐，一边吃一边聊。

我问："到你这里来参观的校长也不少吧？"

他说："是的，全国各地的校长都有。问我问得最多的两个问题：一是你有什么样的管理制度？请把你的制度给我看看。二是你是怎么让你的学生怕你的？"

"你怎么回答的？"我问。

"我说对不起，我没有制度。"大年说道，"他问，没有制度你是怎么办的呢？我说，每个班的规则不同，都是学生自我管理，如果你一定要让我拿出一些制度，那肯定是应付上级检查的。"

我说："但规则也是制度呀！"

"可我们的规则是学生自己定的，自己生成的，和学生的利益有关系。"他解释道，"是通过时间慢慢生成的，比如怎么睡觉，鞋子怎么放，怎么打扫卫生，等等。"

"嗯，有道理。"我表示同意，"那第二个问题你怎么回答的呢？"

"关于第二个问题，怎么让学生怕我？我说我和你们是反的，因为我们的教育目标是让学生不怕我，我们要建立良好的平等的师生关系。刚来的时候，这些孩子都很紧张，因为他们在原来的学校比较孤立，但来这里后渐渐地他们就很活跃了。"

"呵呵，好玩！"我说，"有的老师认为，一定要让学生怕老师，不然怎么管得住学生呢？所以一般的老师都希望学生怕自己，这样才好管，至少应该对老师是又爱又怕，可你居然追求学生不怕你。我想起我做校长的时候，也给自己定了一个目标，一定要做一个孩子不怕的校长！这个目标其实我是向苏霍姆林斯基学的，他就是这样要求自己的。"

我想起早晨和两个男孩聊天时，徐明亮谈到他刚到这里时，一个叫黎晋庭的学生来安抚他，我问大年："这个黎晋庭，很不简单啊！你还记得吗？"

他说："当然记得。不过这没什么，每次来了新生，都是高年级学生去开导他们，他们自己现身说法，很有效的。"

我问："这个黎晋庭已经毕业了吧？"

他说："是的，毕业了。嘿，这孩子也有故事。这个黎晋庭的情况很特殊，他是一个单亲妈妈的孩子，从没见过他父亲。小学三年级起他就没有上学，一直在家里面上网，不跟任何人沟通，就像一个野人。他到我们学校来的时候是初一，我们接到他的时候，他完全就像是那种山老鼠的形象，头发长长的，指头是变形的，就像一只小动物，体重只有30多斤，不是30多公斤，是30多市斤。他刚到学校时，经常是大叫大哭，这个老师抱着他喂饭，那个学长抱着他洗澡，这样前前后后差不多过了两个月啊，他才慢慢平静下来。"

我问："后来这孩子发展得很好吧？"

他说："这个孩子很聪明，后来在我们学校读书，发展得非常好，还成了我们学校心理社的社长。后来竞选班长成功。"

"啊，这么厉害！"我赞叹道。

"是的。很多校长在我们学校参观的时候，这个孩子都帮他们做过心理分析，很多校长都非常佩服他。现在听说这个孩子在自学心理学专业，然后他学的是计算机专业。

"黎晋庭帮助过很多人，他说自己曾经也有过心理问题，后来成为心理社的社长以后，他帮助过很多孩子，他帮助的新同学可能是最多的，他也帮助过很多成年人，这个孩子本身就是个奇才。"

我很惊讶，问："黎晋庭才读了小学三年级，那到了你们这里学习上怎么办？"

他说："李老师，其实这些孩子聪明得很，有的孩子初中三年，只上一个学期或者一年，他就可以把所有的课程学完。黎晋庭的学习成绩在我们这里是最好的，他后来考上了普通高中，但他不去读，他说三年高中又会把他废掉。他自己去学电脑、学计算机编程，然后直接读一个五年制大专，之后他又自学心理学。其实，像这种例子太多了，虽然读书的时间很少，但懂事之后，完全能够跟得上。所以我认为，学习可能跟老师没有什么必然的关系，也就是说学生是可以自学的。"

三年前的一天，吉林省孤儿学校张洁校长一行三人访问昆明丑小鸭中学。丑小鸭中学学生会副主席、心理社社长黎晋庭给张洁校长做了心理测试后，说："您是一位完美型人格的校长，对下属要求极为严格，这样难免产生孤独感。建议您在以后的工作中多与下属沟通，同时要接纳不完美。给自己减减压，这样工作效率会更高。"

张校长说："太对了。你太厉害了！一个十四岁的娃娃竟有这样高的水平，真不简单。"

我对大年说："黎晋庭的确是一个奇迹！"

他却说："其实这样的孩子在我们学校很多的。"

九

正说着，有一个孩子的爸爸妈妈来向校长告别，说孩子来这里变化太大了："孩子变了，长高了差不多10公分，懂事了，胆子也大了。"他们非常感谢学校。分别时，背着吉他的孩子特意过来和詹校长握手。那孩子的行李箱上有一摞书，是《世界通史》等史书，还有文学、基因学、电脑编程、网页制作一类的书籍。

他们走后，大年给我说："这孩子叫靳子涵，来自敦煌，是去年12月25号他妈妈送来的，也是因为厌学而逃学，和爸爸很难沟通。爸爸是个学霸，毕业于名牌大学，对儿子的要求非常高。昨天是他爸爸妈妈来接他，这是爸爸妈妈7个月来第一次见到孩子，非常高兴。孩子在学校学会了弹吉他，学会了擒拿，学会了当主持人。"

"孩子学习成绩怎么样？"我问。

"学习成绩也很好。以前这个孩子跟爸爸的关系差得很，我看到孩子看那些书真的很感动，谁能想到以前那么厌学的孩子现在这么爱读书？

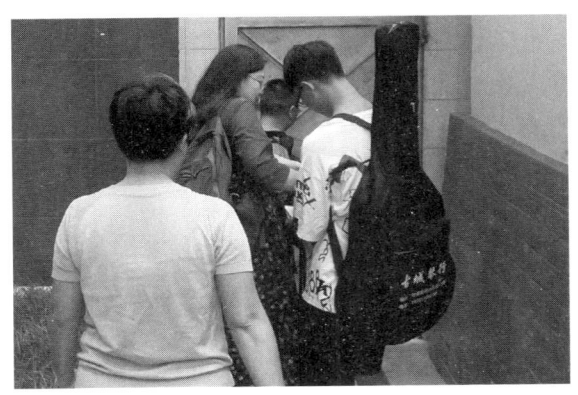

背着吉他带着书离开的靳子涵

他吉他也弹得非常好，还在我们学校做主持，做了很多次主持，并且他在与人沟通方面也很擅长，可以带新生，有的学生老师搞不定，就是他去搞定的。他的变化这么大，所以爸爸妈妈都非常高兴。昨天他还说不走，他是初一嘛，他说他要在这里读完三年，直到初中毕业，但是不行，为什么呢？因为他在兰州读书，必须在兰州上满五年中学，才可以在兰州考大学。他下学期初二了，所以就必须回去读。但他说他明年暑假一定要回来，爸爸妈妈说，暑假你想回来就回来嘛！这样，他才走了。走的时候他对我说，一定要和我握个手才走。"

不一会儿，我看到大年在微信朋友圈晒出了靳子涵的照片，并写道："一个初一的孩子离校了。看着他背上背的琴，行李箱上拉的书，我就很满足了。"

是呀，来的时候厌学，走的时候带着一摞书离去，还有什么比这更能说明孩子的变化和成长呢？

十

我突然想到了刚才徐明亮对我说的话："每一个学生都有转变。而且出去的学生都对这个学校有些感情，很依恋的。"

于是我情不自禁地说："每一个孩子离去都是这样依依不舍啊！"

这时候，大年的爱人杨柳（也在这里工作）说："昨天张朋云还给我打电话，说他很想我们，很想念学校呢！"

我问："这个孩子又有故事吧？"

大年说："嘿，这孩子，刚来的时候，他看见老师就发抖，发抖了一个星期。"

杨柳补充说："看到所有老师都发抖。"

我问："谁送他来的？"

大年说："他爸爸从深圳坐飞机来，同时教官押着他从广州坐飞机到昆明。他原来是在一所军事化管理的学校。到昆明后，就送到我这里来。他们那么远来，我说先吃饭吧，就带他们去吃饭。他、他爸、教官和我四个人一起吃饭。当时，他爸坐在我左边，教官在我对面，这孩子就在我右边。我看孩子一动不动，很紧张，很规矩地坐着，双手放在膝盖上，毕恭毕敬的。我说：'你吃饭呀！'他看看教官，就想起身去帮教官盛饭。我说教官的饭不要你盛，你肚子饿了你先吃。他小声说：'我怎么能吃呢？教官都还没说吃饭。'教官就开了一句口：'吃饭。'他才开始吃。一边吃，一边用眼睛看着他爸或教官，很紧张，生怕自己犯了什么错。"

我忍不住叹息："可怜的孩子！"

大年继续讲："我看到他手上有伤，我就问他：'你被打过吗？'他看了看教官，说：'没有。'我知道他是怕教官，所以不愿意说'打了'，于是我改口说：'不是打，是老师处罚你，是不是？'他说：'老师处罚学生，是对的嘛，是正常的。'我一听就火了：被打成这样，还说是正常的。便问他：'你身上的伤，是老师打的吗？'他说：'有的是蚊子咬的。'我想，就算是蚊子咬的，把你咬成这样，这学校也太缺德嘛！他一直看着教官，看教官是不是需要添饭。我看孩子这么紧张，这么可怜，就大声对他说：'我，是这里的校长，你进了这个门，就是我的孩子！如果哪个还敢欺负你，老子帮你揍死他！你放心，不要怕！'我就是有意当着他父亲和教官的面说这个话。我的话讲得很粗，因为当时我很气愤嘛！但他还是不太相信，因为教官就在旁边。后来吃完饭，他一直跟着他教官，走路很紧张，很拘束，是很标准的军训动作。我说：'你不要这样走路，

变得阳光的男孩

放松，你看看那些同学。'这时候刚好过来了几个学生，他们问我：'校长，是不是来新生了？'很活泼很自然的样子。但这孩子还是不行，紧张得很，因为他习惯了，已经完全机械化了。后来，我就当着很多同学的面买了一袋苹果给他，和他就熟悉了。杨柳也买了一些东西给他，而且表扬他：'你们看，这个孩子其他的优点我暂时还没有看到，但是他的军事很强，你们看他走路的姿势，他站的军姿，很像军人。'就是有意找优点表扬他，这样他就找到感觉了。"

杨柳说："后来上军训课时，我就让他当小助教，训练一些新来的同学，他瞬间就找到存在感了，自信起来了，然后胆子也开始大了，越来越活泼了。"

大年说："我非常理解这样的孩子，到我们这里来的孩子大都是这样的。他心里有阴影，为了消除他这个心理阴影，我花了两个星期。最初他完全是机器人，看到老师，就条件反射式地紧张。我就对他说，你这是在干什么？不要这么紧张，现在不是军训课。"

我问："这个孩子，现在已经离开学校了？"

大年说："7号离开的，在这里待了一年。后来这孩子非常阳光，还当主持人。"

说着，大年拿出手机翻出他的一些照片给我看："看，多么阳光的孩子！"

我一看，这孩子果真阳光。

大年又给我看一个视频，是这个孩子当主持人时的情景。看到这个自信大方、英俊潇洒的主持人，我很难想象他一年前到这里时那副惊恐紧张的样子。

"所以，我20年前就讲过一个观点：教育就是要让学生不怕。"大年又回到刚才的问题，"学生没有必要怕老师。不是怕不怕的问题，你就告诉孩子什么能干什么不能干，就行了。"

我说："不过，你能够转变学生，靠的不仅仅是学生不怕老师，而是'不怕'后面的尊重、智慧，对他心理的引导……"

"我觉得，对学生就两步：第一，让学生对你产生依赖感；第二，让学生对你产生依恋感。"他说，"所谓'依赖'，就是不能没有你，如果没有你他会觉得突然失去了什么，然后再让他慢慢独立，不能老依赖别人。所谓'依恋'就是精神上和你交流，信任你。依赖是短时间的，而依恋则可能是长久的。我的学生出去后，包括长大了，工作了，什么话都愿意对我说，谈男朋友啊，谈女朋友啊，都愿意在网上和我聊。我就给他们做一些建议。我们这些孩子，来我这里之前，都是缺少依赖感的，因为他没有可依赖的人，家长不管他，老师鄙视他，老师鄙视他同学也就看不起他，事实上他们是没有存在感的。你给他一种依赖感，他就有一种到家的感觉。所以，一定不能让孩子怕你。"

我说："不但孩子们依恋学校，他们的爸爸妈妈也会很感谢学校。"

说着，他又给我看了一张照片："这是有一次去山上露营时我拍的。你看这个孩子，叫潘俞睿，肩上扛着箱子，胸前挂着吉他，眼神坚毅，这是一个男子汉的感觉。"

照片上的孩子，果真是一个小男子汉的形象。

大年说:"潘俞睿的母亲,是大学的高才生,单亲妈妈。她是我的网友,关注了我两年。潘俞睿在初二的第一个学期,被妈妈送到我这里。潘俞睿母亲说这个孩子在原来的学校受侮辱,那是一所重点中学。她说把孩子送到我这里,就感到很轻松了,可以干点别的活了。"

我问:"这孩子来这里之前成绩一定也不太好吧?"

大年说:"不是'不太好',而是太不好!学校要开除他。在我这里待了一年半差不多两年,完全变了,人变懂事了,坚强,阳光。后来在我这里参加的中考,考上了重点高中。一些家长看不起丑小鸭中学,觉得把孩子送到这里脸上不光彩,而潘俞睿妈妈则不然,她经常把孩子在丑小鸭的照片发在朋友圈,她很自豪,说我的孩子就是在丑小鸭得到改变的。她说,如果没有丑小鸭,我什么都没有!"

"现在这孩子应该读高中了,情况怎么样?"我问。

大年说:"潘俞睿去年就考上了一所重点中学。刚读完高一,下学期就高二了。他读的高中规模很大,这次期末考试,在六千七百多名高一孩子中,他是前几名。他母亲很感动,我也很感动。"

说着,大年又指着照片:"潘俞睿这孩子以后不管做什么都能成功,你看他的责任感。这样的孩子你还愁他的生活能力吗?"

大年给我看他保存的去年潘俞睿刚进高一时,孩子母亲发来的微信:"现在这个学校几万人,如果没有在丑小鸭历练过的一年半,他都不知道淹没到哪里去了,而现在,我相信他会闪耀!""从一个厌学逃学的网瘾少年,变成了现在的阳光自信的高一男生,真的非常感谢丑小鸭!"

十一

如果不是时间关系,詹大年可以接着讲他的"丑小鸭"故事,三天三夜也讲不完。

我感叹道:"你讲起学生来,如数家珍,你对他们每一个人都很熟悉啊!是不是每一个学生都认识呀?"

他说:"从建校到现在,我不敢说每一个,但绝大多数我都能叫出名字。应该有 80 个以上，跟我的关系非常亲近，他们都把我当好朋友。"

我问大年："学校运营没问题吧？"

"没问题。"他说，"当然也不可能有很多盈利，我也没想过靠这个学校来发财。但学校的发展我是有信心的。"

现在，一些地方都希望詹大年去办分校，还有不少投资者到他办公室来跟他洽谈希望合作办学，重新给他修一座漂亮的校舍。但目前詹大年都没答应。他说："我怕我的丑小鸭变味走样，我并不想通过办学来挣大钱，我的想法很单纯，就想按我的想法纯粹地做教育。你想，如果哪位投资者投入了大量的资金，我得对投资负责呀。这样，东奔西跑的，跟孩子们在一起的时间不就少了吗？况且，办这样的学校，不是谁都可以接纳的。能办到哪一天，真的只有上帝知道。"

我说："其实，如果你的丑小鸭中学要扩大规模，在全国办几所分校，市场需求是不愁的，传统教育每天都源源不断地制造出丑小鸭中学所需要的生源。"

他说："这个我知道。但我就是办一百所丑小鸭中学，也不可能挽救和转变所有被传统教育抛弃的孩子。我精力有限，做一点算一点，改变一个算一个吧！"

我说："如果有人能够为丑小鸭中学重新修建一个漂亮宽敞的校园，也是好事。"

他说："我不这样看，其实丑小鸭中学在哪里都无所谓，校舍是否豪华也不重要，关键在于学校是不是温馨的家。目前，虽然我们学校很朴素很简陋，但孩子们喜欢，并且依恋，我觉得就很好了！其实，我算不得一个办学者，我只是一个教师。"

我再次感受到，詹大年和丑小鸭中学的老师们是真正在"育人"。他们是把孩子当人，而不是知识的容器，不是做题的机器，不是考试的工具，呵护他们受伤的心灵，恢复他们受损的自尊，让他们不但有文化知识，也有生存能力，更有健全的人格、强健的大脑、坚忍的意志、博大的爱心、丰富的情感、开阔的视野……

校园一角

丑小鸭中学着眼于每一个人的人格尊严、精神自由、成长快乐和全面发展，这就是真正的素质教育。

因为下午还要乘坐飞机，我不得不离开丑小鸭中学，向大年告别。上车前，我再次回望丑小鸭中学校园。

的确，和我第一次来一样，整个校园没有变化，依然朴素、洁净——当然，可能在一些人的眼中这叫"寒碜"。墙上看不到"校训""校风""教风"之类的文字，也没有"领导关怀"的大幅照片，总之，看不出一点"校园文化"的"打造"痕迹。

但操场边的国旗杆下，有四个不那么醒目的字："教真育爱"。国旗下两边的矮墙上分别写着一句话："办家长放心的学校""做学生依恋的老师"。

放眼整个校园，就这么20字的"文化打造"，可这每一个字都不是标语，而是詹大年和他的同事发自内心的信念和日常生活的写照。

十二

所谓"教真"，就是教育者以真诚去唤醒孩子的真诚，并给孩子以真实而不是虚假的教育，同时教会学生成为一个真实的人。只有真人才能造就真人，教育者的真诚、真实、真性情、真思想，是培养真人的前提条件。不说假话，不做假事，实事求是，求真务实，如陶行知先生所说："千教万教教人求真，千学万学学做真人。"而没有一点"校园文化"痕迹的校园，却体现了一种真实的校园文化。

所谓"育爱"，就是教育者以自己的善良之心培养善良的人，用爱滋润爱。这里的"培养"和"滋润"不是大张旗鼓的"教育"，而是教育者自身言行的示范与感染。所谓"真爱"就是不带功利的爱，就是明知学生考不上大学依然爱他，就是明知学生看上去不那么可爱甚至令人头疼却依然爱他，就是几乎所有学校的校长和老师都鄙视他赶他走，可詹大年和丑小鸭中学的老师依然把他当宝贝来爱……

所谓"办家长放心的学校"，就是让每一个把孩子送到这里来的家长，都能安安心心地回去，该干啥干啥，而不是连上班都心神不宁，随时准备接到班主任告状的电话，或老担心孩子会不会又被老师罚站了；相反，他们以把孩子送到丑小鸭中学而自豪，发自内心地说："总算放心了！"

"办家长放心的学校"

所谓"做学生依恋的老师",就是让每一个到这里来的孩子——其中大部分是被"骗"来的,有的甚至是五花大绑押送来的,还有被喂安眠药后运来的,都把詹校长和每一位老师当作自己最信任的人,向他们说悄悄话,都不愿再离开这里。

其实,就语言表达而言,这几句话毫无特色,我们在其他任何校园似乎都能看到,而且同样这个意思却在语言上有更多更富新意的造句,但是,但是——丑小鸭中学把这20字实实在在又自然而然地化作了每一个教师的日常行为,化作了每一个家长的切身体验,更化作了每一个孩子的细腻感受。

我没有夸张。

徐明亮、和健鹏、黎晋庭、张朋云、潘俞睿、靳子涵……每一个从"丑小鸭"蜕变成"白天鹅"的孩子,都可以作证。

2020 年 8 月 3 日

把别人的孩子养成了自己的儿子,真爽!

有一次和詹大年聊天,说到某个话题,他说:"教育是老百姓的'甘需'!"我没听懂,但不好意思问什么叫"甘需"。他接着说了好几个"甘需",我只好问他:"你说的'甘需'是什么?"他放慢了速度,一字一顿地说:"就是——甘、需!"我还是一头雾水,慢慢琢磨他说这个词的前后语言环境,恍然大悟:"你说的是'刚需'吧?"他不住点头:"对对对,就是'甘需'!"把我笑死了。

他浓重的湖南口音,让我觉得听他讲话,仿佛在聆听毛主席的教导。所以我曾经说过,詹大年什么都好,就是普通话不好,我听着吃力;或者说,我各方面都不如詹大年,但有一点比他强,那就是我的普通话说得比他好。

但 2021 年 1 月 9 日,在爱心与教育研究会第九届年会上,听了他的报告后，改变了我的这个评价。不是说他的普通话变得标准了，而是说，虽然偶尔也有听着比较吃力的时候，但因为他的激情、他的故事、他的哲理，还有他可能是有意放慢的语速，让我非常舒畅地享受了一场"精神大餐"——我知道这个词已经被用俗了，但这确实是我的真实感受。

本来没有想过要点评，但大年说完"谢谢"并向全场鞠躬时，我手握话筒站了起来，等如雷的掌声渐渐停歇后，我即兴发言道："我想，就凭刚才大年的报告，大家在新冠肺炎疫情再次紧张的今天，克服重重困难来到这里参加爱心与教育研究会第九届年会，就是值得的！我曾经说过，未来的教育史学家在回望今天的中国教育时，教育家的名单上可能会有'詹大年'的名字。因为在我眼里，他是最具教育家潜质的一个教育者。从他刚才的演讲中，我们看到，他对教育有情感，有思考，有实践，有创新。按我的标准，教育家一定要和一所名校相联系。詹大年有这样的名校，就是丑小鸭中学。今天现场还来了20多个丑小鸭中学的孩子，他们都是詹大年的孩子，也是他教育成功的见证。让我们把掌声献给詹大年和他的孩子们！"

今天，2021年1月16日，我再次把詹大年请到成都，为"李镇西博士工作站"第三期的老师做报告。和上次一样，在演讲中大年展示了一张张学生在丑小鸭中学的照片，每张照片都有一个感人而且富有教育意义的故事。

下面是我综合两次演讲所记录的几个小故事——

第一只"丑小鸭"

这是丑小鸭招收的第一个学生。照片上的这个男孩看上去文静帅气，正端着杯子向詹大年校长敬酒。但据大年说，这孩子当年进校第一天，就把老师打到趴在地上。学校为了转化他，花了太多精力。

大年说："他可以说是史上最调皮的孩子。当初几个男人——他的爸爸、舅舅等人——押送他到我学校。刚来时身上很脏，教官拿一套衣服给他换，他却一脚把教官踢倒在地。他当时只有14岁啊！在这里待了九个月以后，他想回家。他对我说：'爸爸妈妈都不会来接我，因为我伤害了他们。'我说，我给你爸爸妈妈打电话，请他们来接你。孩子给我保证回家看看，一定会回来的。结果回家一周后，便离家出走了，而且一走就是半年。但他和我却一直保持着联系。我曾对我的学生说，你任何时候需要我帮助，只要搜索百度就会找到我的联系方式，你给我打电话，24小时之内，我一定去帮你。结果有一天，他给我打电话了，说想回家，但不敢，'怕爸爸把我揍死'。我说：'你回去吧！我马上给你爸爸打电话。'后来我在电话里对他爸爸说：'你揍孩子，我就揍你。'他回家后果然没挨揍。春节后，他说想回学校。第二天果然就回来了，对我说：'我要考高中！'我说：'你缺那么多课，怎么考得上？'他说：'我一定能考上！'后来他发奋学习，果然考上了高中。我建议他去我一个铁哥们当校长的学校读高中，因为我估计他高中还会犯错误，这样即使要被开除，我的朋友也可以保护他。后来他果然要被开除了，因为打架。但他是正义的，我表示支持他，还给他校长打电话，他便没有被开除。"

后来他考上了大学，上了大学的第一个寒假便来看詹校长，说："感谢詹校长，感谢丑小鸭！丑小鸭中学真的挽救了我，可以说是救了我的命！"

他为什么这么说呢？因为有一个黑恶团伙被抓后，其头目被判了18年。"他只是老二，而我曾经是这个团伙的老大。幸好我及早退出，不然我可能会走上犯罪道路，后果不堪设想。"他庆幸地说。

他还对詹大年说："丑小鸭中学转化了许多学生，但你詹校长其实没有什么了不起，你的秘诀我都知道。"

詹大年让他说说。他说："顽劣学生来了，你就让他吃好、睡好、玩好，别惹他，他自己慢慢就好了。"

大年对我说："还别说，这孩子概括得很好，我就是这样对待学生的，尊重他，理解他，让他的心平静下来，再慢慢影响他。"

现在这孩子大学毕业已经四年，目前在昆明，是一家电子产品公司的经理。

"詹大年你妈个×！"

有一个15岁的女孩，因为谈恋爱和男朋友同居，被父母强行分开，并送进了丑小鸭中学。她和男朋友感情非常深，所以对丑小鸭中学充满仇恨，于是她给詹大年校长写了一封信。

信的开篇便是七个字："詹大年你妈个×！"接下来，整封信都是一些非常难听的辱骂。

按正常的"逻辑"，校长接到这封信后要么把女孩找来严厉批评一通，甚至处分；要么亲切和蔼地和女孩谈心，问问她为什么要骂自己；要么也给女孩写一封回信，严肃而真诚地开导她……但詹大年都没这样做。

他的做法——什么都没做。笑笑，好像什么都没发生。没让她感觉是在伤害校长。

在女孩看来，这个校长对她的信一点反应都没有。在校园碰见她，他对她笑笑，微微点头，然后擦肩而过。有一次碰见她，詹大年只是笑着说了一句："你的信我收到了。"然后，每次见到她，依然和她亲切地打招呼，只字不提那封信。

一个月后，女孩发现这个校长真的和一般的校长不一样，是一个好校长。她沉不住气了，主动找到校长说："校长，我错了！不该写那封信！"

詹大年校长却说："你没有错呀！一点都没有错。首先，感谢你对我的信任——因为，你在写信前肯定评估过，骂詹大年这个校长没有风险；因为，你相信詹大年很善良。你看，你用没有风险的方式避免了一次有风险的行动。现在，你、我不是都很好吗？你很聪明！"

女孩说："詹校你能不能把信退给我？"

詹大年笑着说："那不行，那封信是你写给我的，当时你并没有说是借给我看的，我怎么能退给你呢？哈哈！"

那以后，詹大年校长在学校从不提那封信的事儿，就像什么都没发生过一样。

讲到这件事，大年说："孩子的确没有错。她来这个学校，心里有气，总得发泄出来。于是她把我作为发泄对象——校长是一所学校的权威嘛，对孩子来说，挑战权威本身就是一件很爽的事。对她来说，骂校长是一件成本很低、风险很小的事。骂了我以后，她心里平和了，情绪稳定了。你们看，我什么都没做，却安抚了一个孩子的心。多好！"

把母亲揍倒在地的抑郁症女孩

一个抑郁症女孩被母亲送到丑小鸭中学，可母亲很怕她——因为，女孩每三四天就会把母亲揍到爬不起来为止。詹大年说："送这位母亲去机场时，她说起女儿还很害怕，我安慰她别担心。"

其实，这位母亲在事业上很有成就，是一家企业的董事长。但女儿在家每周要揍她两次，一直打到母亲趴在地上。她母亲对詹大年说："我不能还手，还手她打得更狠，我唯一的自我保护，就是装死，一动不动地装死。"

可怜的母亲走投无路，只好把女儿送到丑小鸭中学。但女儿不愿来，在机场还把母亲揍了一顿，直到警察解围。

女孩有严重的人际交往障碍。

妈妈留下孩子就哭着走了，詹大年在送她去机场的路上，对她说："你放心，孩子我会观察七天。七天以后怎么办？如果我也没办法你就来接她回去，因为我学校没有治病的功能。"

可第二天，学校组织所有师生带着帐篷上山露营两天，女孩就跟着他们上山搞活动了。

"去之前，我犹豫过……"大年说，"这孩子带还是不带？带，太危险；如果不带，放在学校也危险。她会怎么想，那不是更会加重她的抑郁症吗？不行！肯定不行！"

詹大年不顾同事的反对，坚持要带女孩和所有同学一起去山上露营。

大年说，他和老师们是经过了周密策划的——内紧外松，这位女孩丝毫察觉不到。

意想不到，在山上，女孩特别开心。她发现，原来可以这样上学，一下笑了，很阳光。

女孩多才多艺，绘画和舞蹈都很优秀。后来，女孩领舞参加县群舞比赛获得一等奖。

五个月后，离开丑小鸭中学时，女孩对大年说："校长，我将来一定要考清华大学美术学院。"

她骂父母亲是"婊子配狗"

这个女孩来的时候，可以用四个字来描述："人格崩溃"。

在家大骂她的妈妈是"婊子"爸爸是"狗"，说父母两人是"婊子配狗"。刚到学校的前几天当面骂校长"不是东西"，和其他人完全不能正常交往，甚至根本就不交往。

其实，她爸爸妈妈都是大学教师。

女孩刚刚到校的第一天，大年就了解了这个女孩的情况。大年非常想找个机会接近她。

有一次，大年看到这名女孩在看一本黑色的书。大年就走过去，很好奇地问："什么书？"

"王小波的。"女孩冷冷地回了四个字。

"王小波的？"大年心里暗暗想，有话题了，机会来了！

"你这样年龄的孩子，一般都不会喜欢王小波的书。他写的东西我有时候都看不懂呢。"大年故意把最后一句讲得很重。

女孩抬起头，看着大年，很得意的样子，把书漫不经心地递给大年，说："我在教室的书架上看到几本黑色的书，很好奇，就拿起来看。其实，我也不知道王小波。只是因为好奇这个黑色的封面。一读，还挺不错的。一套8本，我读完6本了。"

"怎么样？"大年说。

"王小波很真实。我喜欢。"女孩说。

"你也很真实。我喜欢。"大年对女孩说。

目前这女孩子还在丑小鸭中学学习，来学校两个月了，她完全恢复了正常的情绪和心智，已经能和父母正常和睦地相处。女孩的体重减了10多公斤，漂亮了，自信了，阳光了。

在刚刚结束的学校文艺节上，她还担任了一个节目的主演。

头顶上的"鸡毛毽子"

小付刚来丑小鸭中学的时候，头上顶着非常奇特的发型。

圆圆的光溜溜的头顶上留着一撮茶壶盖大小的头发。这撮头发染成了好几个颜色，白色、蓝色特别打眼。几种颜色的头发扎在一起，像粘在头顶上的彩色鸡毛毽子。

詹大年会怎么处理这个发型呢？

那天他挨着小付坐下，说："你好，我叫詹大年，是这里的校长。我知道你叫小付，一位很有表演天赋的小帅哥。"

小付看了看大年，直起了腰，有些怀疑："哦？你是校长？"

"是。我是校长……你这发型好酷！自己设计的吧？"他把"设计"两个字吐得很重。

"你怎么知道？"小付似乎来了和校长对话的兴趣。

"其实，我是猜的。看你的眼神，像个艺术家，肯定特别有创意。你的发型，肯定是有讲究的……剧情啦，环境啦，灯光啦，等等。"

小付笑了笑，问："校长，学校肯定禁止留这样的发型。感觉不三不四，是不是？"

大年说："其实，丑小鸭中学对留什么发型从来没有规定的。但是……其实，你这发型在表演场合真的很有个性，很帅。"

小付有些惊讶，没想到校长会这样说。

大年继续说："我曾经犯过一个错误……大概过了十几年了吧。那一次，有个初三的男生穿了一条很特别的牛仔裤，牛仔裤上挂着一条银晃晃的链子，从前腰挂到后腰。我感觉这流里流气的，特别讨厌这样的打扮，便强令他把链子扯下来，当着全班同学的面扔进垃圾桶。男孩子把链子扔进垃圾桶后，趴在课桌上一整天没有抬头。不过还好，第二天他继续来上学。过了好一些时间，我无意中看央视音乐频道，电视里一个唱歌的小男生也挂着一条同样的链子，牛仔裤也一模一样！第二天，我就找那位同学道歉了……"

小付看着大年，说："詹校，其实，男孩也有错。舞台上的打扮搬到学校还真不合适。"

大年没说话，只是看着他。

小付说："詹校，我把头发理了吧。"

大年却表示反对："理了？现在真不好理。第一，四周光溜溜的，难道你理个光头？第二，同学也不理解呀，倒不如留几天，跟同学们讲讲你这发型的创意，还讲讲剧情、舞台、灯光什么的，让大家长长见识。等个把星期，周围的头发长起来了，再去理。怎么样？"

"好吧，不过，怪不合群的感觉。"

"我是校长，我来解释。"

小付望着詹校长，笑了笑，走开了。

过了一段时间，小付头上那个"鸡毛毽子"没了。

许多校长和班主任特别头疼甚至可能发生严重冲突的事，在大年这里，却"谈笑间，樯橹灰飞烟灭"。

"凡尔赛体"的微信留言

屏幕上照片里的漂亮女孩，是詹大年在大街上抓来的孩子。

他说："我总共在大街上抓过四次，结果这四个孩子后来都非常有出息。所以人们说我每次只要上街抓孩子到丑小鸭，这孩子将来就非常有出息。但后来不敢抓了。"

我问："为什么？"

他说："我怕失手。呵呵，我得保持我的不败纪录。"

詹大年很幽默。

既然是在大街上抓来的，可以想象这女孩当初多么令人操心！转化过程我这里就不赘述了，总之，这女孩后来真的很优秀。

詹大年给我们展示了女孩儿现在给他的一段微信截图，上面是女孩写的标准的"凡尔赛体"——

女孩儿：校长在干吗？

女孩儿：校长我想回去，但被北京武警总医院录取了，要去医院了。

詹大年：特别祝贺！我要请你吃饭，你是我的好学生，是真正的"云南省优秀学生干部"。

女孩儿：校长，等我回去一定会好好感谢你和丑小鸭的，我不会忘记的。

……

大年讲这些故事，就像是在展示自己最得意的珠宝，对了，刚好可以用上那个词："如数家珍"。

其实讲述中还有许多精彩的"段子"，我无法一一转述。

比如，他学校招聘老师，他不去招聘现场，现场对应聘者进行面试

两个女孩面试来应聘的大学生

的都是学生！照片上，两个女孩正在面试两位大学生。

为什么要学生去招聘老师而不是校长去呢？詹大年说："校长不需要老师，是学生需要老师呀！当然得他们去招了。"而面试老师的标准也很奇特：第一，你（学生）喜不喜欢他？如果喜欢，就将他的简历放在左边。第二，再提一些稀奇古怪的问题，如果他愿意聊，又把简历放在中间。第三，对应聘者说："我们学生很喜欢你，请你到我们学校去聊聊。"到了学校，校长问学生："你们喜欢哪个老师？"学生就说他们的意见，好，学生喜欢的就留下。

又如，说到丑小鸭中学的生源，詹大年不经意地说："百分之九十的学生来自重点中学。其中，来自某某中学的学生至少有20个！"我们大吃一惊，有点不相信。他说："肯定没错。所以我应该给某某中学授一个牌子——'丑小鸭中学生源基地'！"我们哈哈大笑！

詹大年这里说的，是一所全国赫赫有名的中学——主要是以令人目瞪口呆的高考成绩闻名全国，该校每年高考上清华北大的学生都有几十上百人，同时也以其管理学生"分秒必争"的严苛方式震惊全国，被社会舆论称作"某中模式"。詹大年是说了这所中学的名称的，但我写到这里想了想，还是用"某某中学"代指吧。

他时不时不经意地脱口而出的只言片语，让我们禁不住鼓掌喝彩。比如他展示出一张照片，照片上是他和三个学生在一个小馆子，正准备吃饭，两个坐在他身旁的男孩神似他的儿子。他回头看了看屏幕上的孩子，然后似乎是自言自语地说："养着养着，这些孩子就养成了我的儿子，真爽！"

先是片刻的宁静，大家都被这句话深深地感动了，然后是掌声如雷……

本来，爱心与教育研究会第九届年会打算组织与会者参观丑小鸭中学的，但因为新冠肺炎疫情的影响，不得不取消了这项安排。为了多少弥补一些遗憾，大年从学校请了20多个孩子来到会场。于是，2021年1月9日上午，当詹大年在爱研会第九届年会上讲这些故事的时候，他的20多个孩子也在下面听。

整整一天的会议，他们就静静地坐在最后一排听大人的报告，过去曾经是特别不守纪律的"差生"，那天在听报告时却一点声息都没有。中途我悄悄来到后排给他们拍照，他们看见我，便对我微笑，还有孩子给我比"V"的手势。

詹大年校长和他的学生

我给书签名时，孩子们帮我拆塑封

中午休息时，我在给老师们的赠书上签名，几个孩子主动跑过来帮我将书的塑封拆开。我和他们闲聊着，问他们原来是哪个学校的，喜不喜欢这里，等等。他们大大方方地回答我。他们也有些羞涩地说"原来表现不好，跟着一些坏朋友学"，那神情就像犯了错误的小学生给老师认错一般，很纯真。其中有一个女孩说："这里的老师对我们很好，不像以前的学校，老师总叫同学们不要理我，不要和我一起玩。"

有一个叫李委骏的男孩，是我不认识的老朋友。为什么这么说呢？因为我虽然不认识他，他却早就关注我了。几次来丑小鸭中学，他都看见我端着相机拍照，很想让我也给他照一张。上次我从丑小鸭中学离开后，他专门托詹大年校长在微信上转了一封信和他的照片给我，信上说，他听说我来丑小鸭中学了，便赶紧出来找我，想让我给他拍照，结果没找到我。他还说要谢谢我，因为他读了我的书找到了自信，等等。信不长，但充满上进心，再看照片，纯真可爱，整个就是一"丁真"模样！

这次，他也来开会了，并跑到我面前来帮我拆书的塑封。我谢谢他给我写信，还专门和他拍了一张合影。后面的孩子看见了，都跑过来和我合影，后来一些老师也加入进来，于是，我们便照了一张大合影。

当天晚上，是丑小鸭中学师生的文艺演出。演出前，先是几个孩子向大家讲述他们在丑小鸭成长的故事，然后是孩子们的演出。很遗憾，

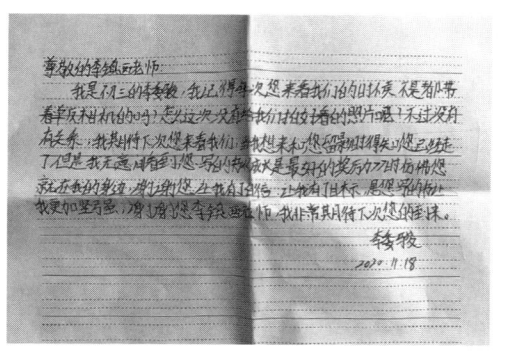

李委骏给我写的信和他的照片

我因为提前离开了昆明而没能看到孩子们的讲述和演出，但据许多参会老师说，讲述特别真实、真诚，特别感人。"那一台演出，完全出乎我的想象，这是我现场看过的演出中，最令我感动的一场！我的心从来没有这样被震撼过！"一位老师告诉我。

詹大年有许多金句——

没有"问题孩子"，只有孩子遇上了问题。

对"问题孩子"，有的人是看见了"问题"，而有的人是看见了"孩子"。

对"问题孩子"不是头疼，而应该心疼。

教育之始，是建立关系；教育之终，是构建关系。

有些学校说是"择优教育"，可他们哪里是"择优"？明明是"甩差"。明明是当"优生"招进去的学生，学生学习不好了，便想方设法将他们撵出去。这明明就是"甩差教育"嘛！

教育应该挖掘学生的潜能，可我们很多时候却是在挖掘学生的"潜不能"，一旦我们去挖掘学生的"潜不能"，教育就完蛋了。

教育的问题，除了关系，没有其他问题。

没有学生不爱学习，有的孩子看起来是"厌学"，其实他们是"厌教"。

教师之美，在于大度，在于睿智，在于爱人。

离开了"美"，德育是个伪命题。

千万别用农耕时代的思维、机器时代的教材，教互联网时代的孩子。

我们为什么当老师？因为存在，因为实现，因为赎救，因为需求。孩子为什么要当学生？被关注，被尊重，被需要，被爱。因为需求。

教师改正"优点"，比学生改正缺点更重要。我改正"优点"，学生才会改正缺点。

为什么许多孩子的生命悲剧发生了，因为他"玩不下去"了。教育，就是多给生命一条路，一条可以"玩下去"的路。

尊重学生的"本来"与"可能"，就没有不爱学习的孩子。

教育不只是科学，还是神学、哲学。

教育不只是培养"人才"，更重要的是培养"人"。

固有的概念，会阻止我们探寻生命的真相。

教育就是不知深浅的探索，不怕牺牲的投入，不计后果的信任，永不放弃的执着。

在教育过程中，什么都要考虑功利的后果，那还有什么教育？

教育的价值——满足生命个体的发展需求。

教育应该扬长避短而不是取长补短。

……

目前丑小鸭中学遇到一些困难，但詹大年说："无论有多大困难，我都会把丑小鸭中学办下去。反正，我这一生和丑小鸭是分不开了！"

2021年1月9—16日

有一种教育叫"生死相依"

一

2014年8月3日16时30分,云南省昭通市发生6.5级地震。

当天,余震还没结束,詹大年对学生说:"孩子们,我们去不去灾区救灾啊?"

孩子们都说:"去呀!"

去干什么?孩子们其实很茫然,但他们真的非常渴望为灾区孩子出点力。

詹大年说:"我们总不能空着手去吧!那这样,你们马上把自己的被子洗干净,至少要凑足50床被子。还要凑点钱,凑点衣服。"

孩子们开始筹措。第二天,孩子们就把被子洗干净了,还凑了点钱。第三天,也就是8月5日,詹大年就和三个学生带着50套被褥、50套衣服、3400元现金赶赴地震最严重的巧家县包谷垴乡。

到了那里,没有其他吃的,也没有住的,连水都是污水,只能吃方便面。他们在那里住了三天,把带来的被褥、衣物和现金捐了之后,还想做点什么,但他们发现其实什么都没法做,有力使不上。毕竟救灾重建的许多工作是很专业的。作为第一个到达灾区的救援队,他们却有一种无力感。而且刚刚发生地震,解放军还没来得及开路,好多地方也进不去。

当时,山上经常有滚石,詹大年觉得很危险,便对孩子们说:"我们在这里没有用,只会增加他们的麻烦。我们回去,回去组建一个心理救援小组,等这里的学生开学了我们再来。"于是他们回到了丑小鸭中学。

二

当时离开学还有近一个月,回到学校,孩子们开始了专业准备。詹大年给孩子们出主意,提建议。在他的指导下,孩子们查阅地震资料,请教心理老师：怎么样去帮助灾区哭泣的孩子？在这个基础上，孩子们组织了不同的学习小组，有的学地震知识，有的学心理知识。詹大年专门请了地震专家和心理学专家给孩子们上课。

大概自学了十多天，孩子们开始演练，模拟到了灾区后出现的各种情形进行"实战演练"。孩子们特别认真，情不自禁有一种责任感。他们还自己分工：哪个当队长？哪个当副队长？副队长和队员又有分工：有负责游戏的，有负责安全的，有负责后勤的，有负责采购的，有负责观察地形的，有负责搭帐篷的，还有负责哄孩子的……

詹大年告诉我："孩子们心很细，考虑得比我细致。有些方面我都没想到，可他们想到了。"

孩子们还专门选了一个安全副队长。他们选的谁呢？选的是一个到这学校后特别喜欢"害人"的学生——他其实也不是真心要"害人"，他就是特别喜欢做恶作剧。孩子们为什么选他呢？他们认为，他鬼点子很多，什么都看得到；他小心眼，而小心眼就适合当安全队长。当时詹大年还有些担心，可孩子们用人格心理学的理论说服了他。他们说，他是怀疑型人格，而怀疑型人格就适合当安全副队长，因为他什么都不放心，什么危险都看得到。

"当时我觉得这些家伙的心理学学得太好了！"詹大年对我说。

丑小鸭中学志愿者赴地震灾区救援队总共八人：詹大年、两位老师、五个孩子。他们约定9月8号出发。

出发前，詹大年对孩子们说："我们这个团队是不是应该有一些规则？"孩子们说："当然应该有啊！"詹大年说："具体有什么规则，你们自己订吧！"

孩子们便很认真地一条一款地讨论制订起来，规则写好后给詹大年看。詹大年看了之后大吃一惊。"说实话，这些规则之详尽，我是写不出来的。"事后詹大年对我这样说。

孩子们问："詹校长，你看看哪些还需要修改和补充的？"

詹大年说："我没有什么修改和补充意见，只是你们缺了一点，驾驶员需要做什么？你们把驾驶员的规则写上。因为我是驾驶员嘛！"

于是孩子们给驾驶员詹大年定了一条规则："服从队长安排。"

队长叫熊祥宇，当时只有14岁。

三

几年后的今天，詹大年给我说起这个规则，还无比感慨："说实话，写这个规则，我的确没有他们厉害！因为他们涉及了到灾区后所遇到的许多具体的问题：哪个孩子哭了，就给一颗星贴在额头上，或者给一个气球；如果孩子还继续哭，就给他一个棒棒糖。灾区有的孩子没吃过方便面，如何给他们吃方便面？怎么教他们爬树，教他们做鬼脸？还有，遇到孩子没有老师怎么办？他们就去上课，又怎么上？……总之很详细。所以千万不要低估孩子的责任感与组织能力。"

我这个"局外人"更是另有一番感慨，这些志愿者在来丑小鸭中学之前，都是令老师和家长头疼的"问题学生"啊！

写这个故事的时候，我采访了当年这个志愿者救援队的副队长王涛。他说："我是2012年的妇女节那天来到丑小鸭中学的，跟着詹校长三年有余，这期间，我讨厌过他，也喜欢过他，但我永远不可能忘记的就是昭通'8·3'地震，我们一起去救灾的一幕幕往事。"

詹大年对我说："当初地震发生后，我之所以要带孩子们去灾区救援，其实救援还不是主要的目的，我的主要目的是要给他们一堂课，这堂课的内容有爱心、自信、责任、吃苦……这堂课不是我讲，而是他们自己去体验。"

2014年9月8日，詹大年开车，载着丑小鸭中学志愿者赴地震灾区救援队出发了。

出发前合影

四

那一次，他们先后到了三所学校。其中有一所学校叫红石岩学校，学校所在的村子伤亡很大，死了很多人，光红石岩学校就死了9个孩子，有一半孩子的家庭破碎了，所有孩子家的房子都倒塌了，没了。

詹大年一行人是头一天晚上进去的，当晚就睡在一个教室潮湿的地上，搭个帐篷，没有电。孩子们却感觉到非常舒服。其实，他们不远处的下面就是一个堰塞湖，他们睡在地上还不断听到山上的巨石滚落的声音，哗哗哗地响，时不时还有余震，但是孩子们一点都不害怕，相反觉得很兴奋。他们觉得自己是大人了，一种责任感油然而生。

关于进驻灾区第一天的情形，王涛对我回忆说："我们到达的住处，是一个打扫过的教室，大家在这里打地铺。孩子们听闻有外人过来，纷纷过来围观，他们好奇，可是又不太敢靠近陌生人。在孩子们的推搡下，几个胆子大的孩子过来开始搭话了，好奇地弯腰问志愿者是干吗的。不一会儿，每个志愿者身边都围坐了一圈小粉丝，在小零食和小玩具的'利诱'下，不一会儿小朋友们就和我们打成一片，热情得都要靠老师来劝阻，让孩子们从志愿者身上下来。甚至，有个志愿者上厕所找不到路，都是孩子们拖拽着送到厕所的。半夜,我们在睡梦中模糊听到一声巨响,第二天听说是对面的山,半座已经塌陷下去,滑石直落堰塞湖,好在对面无居民,也未波及我们所在的红石岩。"

五

第二天,丑小鸭中学的孩子们教红石岩学校的小学生做心理游戏,带着他们爬山,和灾区孩子相处得非常愉快。

和灾区孩子们打成一片

毕竟学过一些心理学知识,丑小鸭中学的志愿者们随时都很注意保护孩子们脆弱的心理。

王涛给我讲了一件事:"午饭时间,一个看起来比其他孩子要高壮一些的孩子,像孩子们的头儿,一直在和我聊天,这孩子从我到这个地方开始就和我没有陌生感,如果不是他胖我瘦,不知道的人以为我俩是兄弟呢!聊着聊着,他默默地把碗里几块为数不多的肥肉夹给了我,说:'他们都说我胖,我得少吃点肥肉了。'本来我也是从不吃肥肉的人,但是想到灾后的孩子心理本身就比其他的孩子要脆弱，我怕刺激到他，硬生生把肥肉给囫囵地吞了下去，然后把自己碗里的蔬菜夹到他的碗里说：'想减肥就多吃蔬菜，就能和我一样瘦了。'我这个副队长是心理课的主要负责人，当时我心里还有个小心思就是'擒贼先擒王'，让他心理稳定，会对其他孩子产生示范作用。果然在之后的课程中，这个'孩子王'起到了不小的带头作用。"

当时王涛也只有14岁，也还是个孩子，可在灾区那些比自己小不了多少岁的孩子面前，他俨然就是师长。

灾区孩子展示绘画课作品

志愿者们开始给孩子们上课了。先是绘画心理课，大家很安静地在画，可能也只有在绘画的时候，孩子们的心才能放松下来。半个小时过去，王涛发现了几个孩子的作品，有点与众不同，他们画里表达出来的悲伤和一些暗喻美好的东西让志愿者们心里一紧。一问得知，这些孩子有的失去了家人，有的是家被震垮了，有的每天上学要走两个小时山路，所以在他的画里，有一辆小马车。这些信息让本来还年少的志愿者们心里多了一份同情，也多了一份感恩，感恩自己家人健在，衣食无忧。

下午的户外拓展课，孩子们配合得很积极，和绘画课时的安静截然不同，他们活泼、机灵。志愿者们一下觉得先前的担心似乎都是多余的，因为他们一开始很担心这些孩子因为创伤后应激障碍而焦虑、自闭。当然，志愿者们的心理干预也起到了很大的作用，正是这种专业的知识，加上不大的年龄差，才让大家走得更近，心贴得更紧，孩子们纷纷向志愿者吐露心声。

孩子们开展户外拓展课

傍晚，孩子们又围坐在一起听着志愿者们讲外来的故事，听着他们弹吉他，唱歌，孩子们脸上一直挂着笑容。一晚的时间，志愿者的手上都是孩子们贴的画，包里塞满了孩子们的"通用货币"：泡泡糖。直到晚上，大家都笑累了才渐渐散去。

和灾区孩子们一起玩耍

六

第三天，红石岩学校的校长对詹大年说："詹校长，地震一个月以来，孩子们没有笑过，这两天，我第一次看见他们笑。我也没有笑过，也是第一次笑。"

想想也是，当时满目废墟，整个村子全部成了废墟，烂衣服、烂鞋子，到处都是。村子里面只有一幢房子没有倒，其余全都倒塌了，啥都没有。在这样的环境中，怎么会有笑声呢？但丑小鸭的孩子们给村子带去了生机，带去了笑声。

临走前，孩子们送了一幅画给志愿者们，那是一幅很普通的志愿者们的大头画，还有一个笑脸，那是身材胖胖的"驾驶员"——詹大年。

詹大年带领丑小鸭中学的志愿者们先后到了三所学校给学生做心理救助活动，每到一所学校，都非常受欢迎。其实，丑小鸭中学的孩子们做的事也很简单，毕竟他们也是现学现用，谈不上是多么高深的心理学理论，但他们通过简单而有趣的心理学游戏，让孩子们沉重而紧张的心理得到了大大的疏解。

为灾区学生上课

有意思的是，当地的不少老师完全把丑小鸭中学的孩子们当心理学专家了，不停地问："老师，这个事情怎么解决？""老师，这个事情怎么处理？"他们直接就管丑小鸭中学的孩子叫"老师"，觉得他们什么都懂。丑小鸭中学的几个志愿者内心很自豪，他们可能从来没有如此感觉到，自己在别人心中是那么重要！

七

詹大年对我说："那次在灾区，好几次我和学生有相依为命的感觉，几次我们死里逃生。"

最惊险的一次是，詹大年开着车从红石岩出发，孩子们都坐在车上。四周高山，极为险峻，他说："我以前真的不知道有鸟飞不过的地方，那次感受到了，真的是鸟都飞不过。"

开着开着，唯一的一条路因为地震没了。眼前只有挖掘机勉强挖出的一条坑坑洼洼、汽车开过都蹦蹦跳跳的路，而路下面就是一百多米深的堰塞湖。当时正下着雨，路滑，詹大年感觉有点刹不住车，他感觉车

学生们在崎岖的山路上飞奔

正向堰塞湖里面滑，当时全车人都不敢说话。詹大年很紧张，因为一车人的生命都在自己手中。他屏住气，慢慢地把车一点点往比较粗糙的地面弯过去，终于半靠半停地把车稳定在了路边上。

詹大年对大家说："你们都下车，走过去，我独自开车过去。这样的话，你们能够活下来。不然，车掉进堰塞湖，我们会一起变成文物的！"他的意思是，若干年后掉下去的人被从堰塞湖里挖出来，不就成了"文物"了吗？

两位老师和孩子们下车后，詹大年就小心翼翼开着车往前缓缓移动，他们就跟着车在后面走。突然一声巨响，让詹大年浑身一抖，他赶紧停下车往回看——山上的石头哗啦哗啦地往下掉，在孩子们周围往下砸，可能是苍天有眼，居然没有一颗石头砸着孩子们！

"他们是在石头里面往前飞奔啊！"至今讲到这里，詹大年还很后怕。可我在感动的同时，心里掠过一句话——这是由丑小鸭变成的白天鹅在飞翔！

八

对于这段惊险的经历，副队长王涛后来专门写过文章，其中有这样的段落——

才出发离开学校没有多久，车子颠簸得很厉害。路！似乎根本就没有路了！眼前是一堆堆乱石……头顶，是黑压压的悬崖，湿漉漉的，望不到头，如一群张牙舞爪的巨兽……下面是明晃晃的堰塞湖，冷冰冰的，深不可测，像没有底的万丈深渊。

"全部下车！"詹校命令我们，"留王涛和熊祥宇在我车前面跑，我好确定车在什么位置。其余的人往前面冲！到安全区等我们！"

除了我和熊祥宇，大家全部往前面冲。那时，我只感到肩上挑起了重担，丝毫马虎不得了！

詹校长再次点火，车身颤抖着，缓缓前行。我和熊祥宇一左一右。山路的左边是还未滚下来的大石头，右边是百米悬崖，悬崖间就是所谓的"路"——这个哪是路啊！一不小心哪个坑稍微大一点，车身一斜，那就可能会掉下悬崖，或者是撞上大石头，随时都可能会一命呜呼，车毁人亡！

当时我也不知道自己在想什么，就知道我跑着，詹校就更安全。

我越跑越有力量，只是感觉每吸一口气，胸腔就有一只无形的手在撕扯着我的肺，眼前的东西也越看越模糊。

终于到了角度很大的一个弯道，模糊地看见几个人影，那就应该是李老师和同学们了！我知道，快到了。他们的脸越来越清晰，到了，终于到了！

上了车，詹校问我："累不累？"我说："累！"没有其他多余的话了，只是豆大的汗珠一直从头上往下滴，从背上涌出来浸湿了衣服。

"我哪敢让你们坐车啊！一不小心，我们都会掉进堰塞湖，成为文物啊。"詹校接着说，"你们下车了，我胆子就大了。何况你们一左一右护卫着我，看到你们，我就更有胆量了。"詹校看着我，眼中尽是怜爱与欣慰……

说着话,一声闷雷,地动山摇,余震发生!我们庆幸我们没有被压在大石头下!

原来是这样!詹校信任我,我也信任他。

王涛这篇文章的题目叫《有一种信任叫生死相依》。

我想,有一种教育,也叫"生死相依"。

是的,此时此景,无须任何语言——信任,就是教育。

九

当天晚上,詹大年一行人就离开了红石岩。第二天詹大年说:"我们不能再回红石岩了,太危险了。"但没有第二条路回去啊!好在有解放军挖路,所以第二天他们还是又回来了。詹大年担心山上的滚石,当时车的左边是大山,右边又是堰塞湖。他想了想,对大家说:"这样,还是我开车,你们都下去,你们在车的右边走,因为左边是山,有危险,你们就在车的右边走。"

就这样,詹大年把车开得很慢,孩子们都在车右边跟着车慢慢地走。"当时我心里也很虚。路面坑坑洼洼,右边又是堰塞湖,一不小心就掉下去了。所以我不敢让他们坐车。其实,在下面走也很危险的,有一个女教师胆子更小,她就不下去,她说我不下去。但当时我只能让孩子们下去,相对来说这样安全一些。"詹大年对我回忆道。

刚刚把这段路开完,后面一声巨响,他们回头一看——路就没了,整个山垮塌了,尘土飞扬起来。孩子们情不自禁"啊"的一声,担心他们的詹校长啊!直到看见詹大年把车停下来,他们才彻底放心了。

苍天有眼,就这么神奇!

当时,有一个孩子对詹大年说:"詹校啊,丑小鸭应该是中国最牛的学校!因为整个中国没有第二所初中的孩子这个时候敢来地震灾区,也没有哪个学校的孩子能够来灾区为这里的孩子们做心理辅导。"

另一个孩子说:"幸好没有把胆小的人带进来,不然他会吓得躺着出去。"

还有一个孩子说:"詹校啊,在这一刻,我感到了生命的脆弱,也感到了生命的伟大!"

在这个过程中,詹大年三次给孩子们道歉:"对不起,孩子们,我把你们带进来,差点就带不出去了。"

孩子们都说:"詹校,你别这么说,我们会永远在一起的!"

关于生命,关于责任,关于自信,关于坚韧……都在其中了。

学生们在灾区

十

第二年,副队长王涛从丑小鸭中学毕业,却自愿留在了母校,担任丑小鸭中学的助教。在那篇《有一种信任叫生死相依》的结尾,他写道——

> 三年多以来,我犯过很多错误。一直记得詹校和我说过两句话:1. 我会无条件地信任我的学生。2. 人一辈子都会犯错,但

是有一个错误不能犯，那就是不改正错误！

我和詹校平时话不多，但我们的故事却数不胜数。

毕业后，我没有选择升学，而是回到丑小鸭，继续跟着詹校学习。因为詹校就是一所大学。

现在，没读高中也没考大学的王涛，从"詹校"这所"大学"毕业后，在成都市最繁华的太古里从事着文化传媒方面的工作。

2021 年 1 月 18 日

为什么别人眼里的"差生"，却成了詹大年心中的宝贝？

我再次来到丑小鸭中学。这是自 2018 年 9 月 12 日第一次到丑小鸭中学后，我第五次来到这所简陋而温馨的学校。天空依然湛蓝，校园依然朴素，孩子们依然可爱。

我们刚进校园时，正是下午五点左右，操场上有男孩在打篮球，教学楼下，一群孩子正围着一位老师在学弹吉他。

三个孩子走过来，很热情地招呼我们。原来他们认识我，前几次我来的时候，他们见过我。一个叫徐含笑的女孩对我说："上次我还帮您拆您新书的塑封呢！"我有印象，她来自台州。

我们说去教室看看，孩子们便陪着我们走过操场，来到教室。在初三教室，黑板上写着"中考还有 18 天"。

身高一米八几的男生梁嘉恩告诉我："中考一结束，我就要回去了。"他说他很舍不得这里："但以后我还会回来玩儿的。"

我问他："你是怎么来这里的？"他说："爸爸妈妈送我来的。""为什么？""因为我逃学两年，两年没上学。""啊？这两年你干什么呢？""打电子游戏。""爸爸妈妈送你到这里来，你愿意吗？""当然不愿意！""可你现在却喜欢这里了，为什么？这里的学校和你原来的学校最大的不一样在什么地方？"

他说："原来的学校，老师就是骂我们的，罚我们的；我们进办公室，都是被迫去的。这里的老师和我们都像朋友一样，我们都是主动去办公室找老师聊天，有什么想法和困难，都愿意找老师。""嗯，最大的不同，是师生关系不同。""是的。"

我想起詹大年对我说过，这里的孩子和老师的关系完全不同于一般学校的师生关系，比如称呼，孩子们很少叫"某老师"，而是叫他们给老师取的昵称——如果老师名为"张华"，学生就叫他"华子"；如果老师名为"陈小玉"，学生则叫她"阿玉"。

他们的教室都是孩子们自己布置的，后面书柜里的书种类很多。詹大年说："我们这里的书都没有规定必须读什么，什么书都有。"我注意到，这些书都很旧，有的甚至是破的，一看就是经常被人翻读的。

教室里的书架

教室里也有各种规则，但每一个班的规则都不一样，学生说："这都是我们自己制定的，老师不管的。"

初二的男孩张杰说起他们班的教室很是自豪。他带我们走进他的教室，然后指着墙上的照片给我们看，原来这是他参加演讲比赛的照片。照片上的他，正在演讲，非常可爱。

我以前看过孩子们的宿舍，印象很深，但今天我看到宿舍被封了，上不去。孩子们说："原来的学生宿舍已经停用了，因为是危房。"然后孩子们带我们来到新宿舍。

像我第一次看到丑小鸭的学生宿舍一样，同来的几个老师惊叹不已。无论男生宿舍还是女生宿舍，每一间屋子都那么整洁，地面几乎一尘不染。床上的被子叠得如同豆腐干，有的被套拿去洗了，可放在床上的被芯依然被叠成豆腐干。无论是盥洗间，还是洗手间，都令人赏心悦目。每一双鞋都摆放得那么整齐，如同屹立着一支仪仗队；每一条毛巾以及牙刷牙膏，也陈列得整整齐齐，如同随时等待检阅的士兵。

充满个性的宿舍装饰

寝室里的墙上，写着各种内容的文字，还画着一些画，很随意。詹大年说："全是孩子们自己弄的，学校从不管。"我指着墙上的寝室公约，问孩子:"这也是你们自己订的?""是的。我们不同的寝室都不一样。"詹大年说:"很多人来参观都问我,学生宿舍是如何管理的。我说,根本不需要管理,学生的自我管理能力,远远超过我们的想象。像这些规矩和寝室墙上的各种文字和画儿,都是孩子们自己玩出来的。"

走出宿舍,楼下有一些花卉植物,还有两截栽种着花草的朽木,这也是孩子们的杰作。詹大年说:"我从不管他们,都是他们自己弄的。学校所有的绿化,包括那些修剪得很整齐的园林植物,全是学生自己弄的。"

我说:"你们学校没有专门的园艺工人吗?"

他说:"没有没有,学校所有的绿化,包括花园的修剪等,全是学生自己做!"

校园里,一群孩子围坐在一块,准备吃晚饭。詹大年告诉我,今天是周末,学生家长来看孩子,给孩子们弄火锅吃。

这时候,一位老婆婆给詹大年打招呼:"詹校长好!"

詹大年回应她:"你来看孙子了?"

我和她聊了几句:"你孙子来了多久?"

她说:"两个月。以前在家不听话,也不和人说话。我们拿他没办法。现在好多了。我很感谢詹校长!"

詹校长带我们去吃晚饭的路上,我们几个都说:"这些孩子看上去很可爱啊!"

大年说:"他们真的很淳朴、善良,而且都很聪明。他们是被教育伤害了!"

我理解,他说的伤害学生的"教育"是教育的弊端,而且不只是学校教育,更有家庭教育。

詹大年说:"和这些孩子相处久了,就会发现,所谓'问题孩子',有问题的是我们的教育和老师,而不是这些孩子。他们是错误教育的受害者。"

詹大年的爱人杨柳很自豪地对我说:"我们这些孩子真的很聪明。半个月前,宜良县举行中小学艺术节,有舞蹈、合唱、武术、朗诵、演讲、摄影……每年的比赛项目不一样,今年是舞蹈比赛。结果我们丑小鸭的群

自信阳光的学生们

舞获得了一等奖的第一名！"

詹大年说："而且每年全县的艺术节，我们丑小鸭中学都是第一名！年年如此，没有当过第二名。"

我心里算了一下，说："丑小鸭中学的学生不过八十多个，其他学校都是几百上千，那你们等于在几十个学生里选拔参赛者，而其他学校的选择范围大得多啊！"

他说："是呀，我们几乎是全部参加！"

杨柳说："我带着我们的孩子去参赛，他们一出场，孩子们那精神面貌，就让全场震惊。"

说着她给我看孩子们参赛的照片，果然，个个的脸上都绽放出自信阳光的笑容。

谁能想到，这些孩子当初都是被家长强制或者哄骗着送到这里来的呢？

詹大年说："没有一个孩子刚到这里不是呼天抢地的，心里充满愤怒，可现在他们真的爱上这里了。前几天，一个男孩发表演讲说，我感谢我的爸爸妈妈，因为在我最气他们的时候，他们也没有放弃我，还把我送到丑小鸭中学来，我现在非常感谢爸爸妈妈送我到这么好的学校来！当时，来学校看他的爸爸就在下面坐着，听了儿子的话，当场就哭了，泪流满面。"

我问詹大年："你的诀窍究竟是什么？是课程吗？是管理吗？是课堂吗？或是其他？"

他说："那些当然都很重要，比如我们学校的课程主要分三类，文化课、心理课和军训课。但这都不是最重要的，最重要的其实很简单，就是重构师生关系。现在不少学校的老师面对学生，首先想的是制服、搞定、摆平，而学生自然也就对老师充满敌对情绪。尤其是这类学校，因为学生特殊，所以往往是军事化管理，采用强制和高压的手段，目的就是把学生制服，让学生听话。这哪是什么教育？在我们学校，不但严禁体罚，而且我们努力追求不让学生怕老师和校长。如果学生怕我们了，我们的教育就失败了，或者说所谓'教育'就不是教育了。教育，就是把学生当人，尊重他的成长，而不是预设然后强加给学生一个目的，非要让学生按你给他规定的方向走。我们许多教育的失败，就在这里。许多学生本来很正常，最后不正常了，成了所谓'问题孩子'，原因就在这里。"

他说："教育不是控制生命，每一个生命都应该得到尊重，而不应该成为实现某种价值的工具。尊重生命，就包括尊重生命成长过程中出现的问题。要知道，孩子的有些'问题'，其实是一种正常的生长状态。"

多次来丑小鸭中学，每一个和我聊天的孩子都无不表现出对学校的热爱。这可能会让一些人感到不理解：这么破破烂烂的校舍，有什么好留恋的？可是，一个孩子对我说："我在这个学校感到了在原来学校所没有的存在感和安全感！"

这种存在感和安全感，正来自詹大年所说的，对每一个生命的尊重。

詹大年曾经把一个弃婴当作女儿来养，最后培养成了大学生。所以詹大年是有大爱之心的人，他对学生的爱，不是教育技巧，而是善良天性在教育上自然地投射。

但丑小鸭中学并不是所有"差生"都收。就在送我去机场的路上，他接到一个电话，因为开车，他的手机打开了免提功能，我听到了他和对方的对话。一位父亲说儿子非常令人头疼，他束手无策，想把儿子送到丑小鸭中学。詹大年问："孩子能够正常上学吗？"对方说："能是能，但成绩越来越差，而且很叛逆，不听我们的话。"詹大年说："你孩子不用送来，因为他能够正常上学。我这里只收不能正常上学的孩子。青春期的孩子叛逆是很正常的，多理解孩子的特殊心理，尊重他，在这基础上和他沟通。"这位父亲依然坚持要送孩子来，詹大年依然没有同意。

所以，我曾经总结过詹大年面向全国招生的底线："一个孩子，如果没有被开除，或者说还没有'差'到一定的境界，休想进丑小鸭中学！"

我再次感慨，为什么其他学校歧视排挤、千方百计要撵走的学生，到了这里却都那么纯朴、自信、阳光、有礼貌？为什么这些被原来的老师和校长恨的孩子，在詹大年心中却个个都是可爱的宝贝？

这难道不值得每一个教育者（老师和家长）思考吗？

2021 年 5 月 30 日傍晚

"到底是什么力量在改变他们的内心？"

一

昨天有朋友对我说："你这么积极地宣传丑小鸭中学，有人会怀疑你是丑小鸭中学的股东。"

我听了哈哈大笑："人家丑小鸭中学又不是股份制，甚至詹大年也没想过靠'问题学生'赚钱！我想'入股'都不可能。"

他问我是如何认识詹大年的，我的回答很简单也很真实："因为志同道合，我们在网上成为好朋友。最初知道丑小鸭中学后，我有点不相信，便亲自去了丑小鸭中学。当然不能说丑小鸭中学完美无缺，但丑小鸭中学的真实，以及詹大年创造的教育奇迹，征服了我。"

见证者当然不是我这个偶尔去过几次的退休教师，更有一届又一届到这里来的孩子，和他们的父母。

那天，我请我的校对志愿者校对我写丑小鸭中学的文章，深圳的黄老师校对完毕后，对我说："李老师，我在一个家庭教育群里认识一个上海的妈妈，孩子上初二，今年3月份开始不上学了。之前虽然上学，很长时间里也是夜里打游戏，白天上课睡觉。我看到您对丑小鸭中学的肯定，也关注了詹大年的公众号，于是建议她考虑丑小鸭中学。4月中旬她把孩子送了过去。一个多月的时间，孩子仿佛脱胎换骨，昨天还上台演讲了,讲《我和我的妈妈》。詹大年真的了不起!"

丑小鸭中学建校十年来,这样的见证者太多太多。

二

昨天,离开丑小鸭中学刚一周的我,又陪新教育研究院常务副院长陈东强再次去了丑小鸭中学——这是第六次去了。我们先去正在装修中的新校区。

这里得解释一下,十年前詹大年办丑小鸭中学时,当时的宜良县领导很支持,便让他在距县城十多公里的一个镇旁边的山坡上办学。那山坡上有一片破旧但还算结实的房子,那是一所中学搬走后留下的校园。"当时,光垃圾就运出了27卡车!"詹大年后来对我说。可就在这朴素简陋的校园里,丑小鸭中学却屹立了整整十年。

现在校舍好多都是危房了,不得不搬家了。几经周折,当然也几获支持,大年把新校址选在了同样距县城十多公里但在另一个方向的海拔2000米高的山上。这也是一个"二手校园",原是一所规模为300多人

丑小鸭中学的新校址

的小学,叫"宜良县瑞星小学",后因生源枯竭,只剩下14个孩子,于是学校被撤并,校园空了。詹大年便租下来,作为丑小鸭中学的新校园。其实校舍是几年前建的,还比较新,完全可以"拎包入住"。但詹大年想在校园文化建设上融入自己的想法,便花了两百万元进行装修。

我们从后山上去,海拔从1500米陡然升到2000米。回头看,太阳透过一块乌云,将放射状的丁达尔光投在坝子上,远山近水尽收眼底,真的是"风光无限"。

上了山,眼前呈现出平缓起伏的开阔丘陵,这是一个村子。我放飞无人机,从"上帝的视角"俯瞰,农舍、果园、花圃、水塘,还有漏斗形的洼地……丑小鸭中学的新址便坐落其中。

三

校园正在装修。詹大年说,他将按新教育实验的理念来呈现学校的文化氛围。比如,新教育所倡导的"共读共写共同生活",将充分体现在校园中。他将原来的两间教室打通,成为一个学习中心,前面用于上课,后面是孩子活动的空间。他的食堂,远不仅仅是吃饭的地方,还是阅读的场所。他给孩子们留足了创造和展示的空间,比如学校所有的墙上,写什么,画什么,放什么……开学后全由孩子们决定。

而山上所有的一切,都成了丑小鸭中学的课程资源。詹大年说:"那么多的苗圃果园,还有一年四季盛开的鲜花,都是孩子们学习和研究的地方和对象。学校旁边有一块心形的洼地,我打算做成一个运动场。学校里面没有太大的操场,但学校外面那么多起伏曲折的小道,都是孩子们的跑道。"

更神奇的是,校园的下面就是一个神奇的溶洞,里面布满了还在继续生长的钟乳石,还有浅浅的清澈的暗河……"我前段时间打着手电进去看了,很大,很开阔,很漂亮,我还没想好具体做什么,但肯定是我的一个课程资源。"詹大年非常得意地说。

我说:"你还可以根据这山上村庄的特点,开发一些课题,让孩子们自己去研究，比如，这溶洞是怎么形成的？为什么会有漏斗形的地貌？果树的生长周期？四季不同的花有哪些品种？村里的老房子有什么特色？……"他说："是呀，我打算把村子里那几幢快要拆除的老房子租下来，加固装修，具体做什么我还没想好。反正，这是一个非常好的资源。"

我感慨道："蓝天、白云、鲜花、绿树、田垄、溶洞……这将是世界上最美的学校！"

四

我们又回到了丑小鸭中学的旧校园。陪着陈东强副院长看孩子们的寝室时，和我第一次看见时一样，他也被那叠得如刀削一般的被子、仪仗队一般整齐的鞋子，以及盥洗间整洁的洗漱用具震撼了。他说："这就是最有效的养成教育！"

我问大年："为什么要训练孩子们把被子叠成豆腐干？从实用的角度看，没这个必要啊！只要大体整齐就行了嘛！"

他说："学校真没刻意训练孩子们，但我们要求寝室整洁，而且引导孩子们从生活细节做起，把一件小事做到极致，这是一种生活态度。所以孩子们军训时便在教官的指导下做了起来，当他们看见自己的'作品'时，有一种成就感，这种成就感反过来激励他们坚持下去。而寝室里每一个孩子都这样做，而且暗中比赛，就没有孩子不愿意这样做了。谁都不愿意丢脸啊！我会去参观，但不会检查。这就成了孩子们的传统，一届一届地传承下来。"

我想起詹大年还给我讲过的一件也是有关学生宿舍的事。几年前，丑小鸭中学接到通知将迎接某大领导视察，一个打前站的小领导先到学校来看看有关"准备工作"。他看到学生宿舍前晾了许多衣服，便问詹大年："宿舍后面还有没有晾衣服的地方？"詹大年说："有啊！"他便说："那为什么不把衣服晾在宿舍后面呢？"大年回答说："后面晒不到太阳，没晒过太阳的衣服穿着不舒服，也不卫生。"小领导说："可衣服这么晾在外面，领导看了不好啊！"詹大年很干脆地说："那就请领导别看嘛！衣服挂在这里，是为了学生穿着舒服而且卫生，而不是为了领导看着'好看'。"

五

两件事放在一块，越琢磨越有意思。

詹大年不愿意做给领导看，那种把衣服晾在晾不干的地方，而讨领导欢心的形式主义他很反感，但他却很欣赏学生把外面的人看不到的被子叠得如工艺品一般美观，而这"工艺品"并没有什么"实用价值"。二者看似矛盾，其实不然。前者是为了对外的"光鲜亮丽"而牺牲了孩子的利益；后者是为了孩子自己心灵满足的自觉所为，是一种真实的良好生活习惯的养成。

所以我说，丑小鸭中学的教育是真教育。

在寝室楼前面，我看到一棵枝繁叶茂的柠檬树，上面还结着尚未成熟的柠檬。仔细看树根，居然是从水泥墙的缝隙里面长出来的！

詹大年的爱人杨柳老师说："七八年前，我和大年就住在这三楼上，我常常在阳台上吃柠檬，吃完后随口便把柠檬核吐了。有一天，我下楼，突然发现墙角居然长了一株小树苗，估计是柠檬核掉在这墙角，它自然就发芽了。当时，大年还说要拔了，我说别拔，就顺其自然让它长吧。没想到，现在长成一棵树了，一年四季都挂着柠檬果。"

我问："柠檬树是一年四季都结果吗？"

詹大年说："应该是老的还没摘，新的又长出来了。"

然后，他意味深长地说："这就是新教育所说的，相信种子，相信岁月！"

六

正碰上课间操时间，孩子们队列整齐，动作有力，从精神面貌上完全看不出有什么"问题"。我想，其实他们中的任何一个孩子，都曾有着不堪的过去，不然是不会到这里来的。

课间操结束后，我拿出无人机，准备为詹大年航拍一些旧校址的影像资料。当无人机升起时,孩子们都围了上来,有的看我手上的操控器,有的仰望天空看无人机,更多的孩子头碰头把我围得水泄不通。无人机越飞越高,孩子们欢呼起来,对着空中挥手。

在我的操控器的屏幕上,出现了俯视角度的校园内外。孩子们情不自禁地说:"呀,好漂亮啊!""这是我们的教室!""这是我们的寝室!""这是我们的操场!""这是我们的花园!""这是我们学校外面的山坡,我们去过的!"……

我被学生们围得水泄不通

在孩子们叽叽喳喳的喧闹中,我有几分感动:虽然客观地看,这山坡上破破烂烂的校园无论如何不能说是"好漂亮呀",但孩子们却认为这里是最美丽的地方,因为这里有温度。下学期,他们将告别这里,随着学校的整体搬迁前往山坡上自然环境更美的校园,但这里的每一个角落都将永远成为他们最温馨的记忆。

中午,孩子们举行拔河比赛,欢笑声和呐喊声顿时响彻校园上空。

每一个参赛者都在咬牙切齿地拼命,每一个围观者都在声嘶力竭地加油。詹大年也参与其中,他在队伍的最前面,双手抓绳,一副老将出马的气势。当裁判吼出一声"开始",他脸上的五官狰狞起来,浑身都在挣扎,双腿咬着地面一点点往后挪动……最后无论胜负,大家都很开心。就连倒在地上的"失败者",也滚落了一地的笑声。

我把孩子们看我放无人机的照片发在了朋友圈,孩子们纯真的笑脸感染了许多朋友。

七

我的一个朋友读了我写的丑小鸭中学故事,留言道:"我一直非常想知道:到底是什么力量在改变他们的内心?"

我知道,这也是许多人特别关心的问题。于是,我让詹大年亲自来回答,我把手机给他,他对着我的微信语音留言:"我没有想过要改变他们,我不谈'改变',每一个孩子都有权利得到平等的关爱,你放弃居高临下的'改变',对他平等了,他觉得这个世界就平和了。我以简单的、朴实的、正常的方式对待他们,他们也会以正常的、平和的方式对待学校;你让他有幸福感、安全感,他就会把他的幸福感和安全感表现出来。就这么简单。"

我又给这位朋友解释:"詹校长有浓重的毛主席风格的普通话,不知道你听清楚没有?他的意思就是说最大的'改变',就是不要抱着'改变'的想法,不要'改变'他,尊重生命,顺应他的天性和他的个性,给他以尊重,平等地对待他,让他生活在一种和谐的平等的爱的氛围当中,他自然会把他天性中美好的一面展示出来。这样说,你可能觉得比较玄乎,有点虚,但这就是他每天和孩子的相处之道啊!总之,在他这里,教育其实很简单。我理解,他的全部秘密就是两个字:尊重。"

朋友回复我说:"贪图享受又好逸恶劳,缺乏自律,沉迷网络,没有了智力积极性,这些是需要巨大的内心力量才能战胜自我的呀。平等、尊重、信任就能赋予他们内在力量吗?"

我一时不知道该怎么回答，因为在别人看来特别复杂的事，可在詹大年的眼里，没那么复杂。所以，我只好简单地回了一句："建议你亲自来接触一下这些孩子。"

八

詹大年说："我现在对'问题学生'的定义和十年前不一样了。"

我心里"咯噔"一下：怎么不一样呢？

想到他刚才通过微信语音对我那位朋友的回答，我便对他说："嗯，以前你主要就是想改变他们，现在是放弃对他们的改变，而是顺应他们的个性特点，让孩子自然地生长。我想，这是不是你最根本的'不一样'？"

他点头表示同意。

"但是这就有个问题了，"我说，"不要去'改变'学生，也不对，因为毕竟他们是成长中的人，他们当然需要自然的生命状态，但是作为教育者也应该引领生命的成长，比如说价值观的传递、真善美的培养，肯定应该让他们有一个成长的方向吧？"

与学生们的合影

"那是肯定的。"他说。

我继续说:"所以,我理解说你'不改变',是指不用成人的一些具体标准或者说目标去规范甚至苛求他们,比如说要考什么大学啊,找什么工作啊,要成名成家啊,等等。是吧?在他们的成长路上,要遵循他们个人的特点,但这绝不是放弃引导他们的责任,比如说如何正常地与人交往,包括与父母的交往,还有遵守必要的公共规则,还有怎么科学全面地认识自己和他人……帮助这些孩子如你所说的'回到正常的生命状态',与自己和谐相处,与世界和谐相处,让自己的生命积极健康地蓬勃发展,等等。这也是一种改变,是吧?"

九

"李老师,你说得对,我就是这个意思。"大年说。

"不过,我还想补充一点的。"他继续说,"十年前我想改变他们,当时我之所以想'改变'他们,是因为我和很多人有一个共同的错误前提,就是首先认定他们是错误的,我必须让他们正确。这样一开始和孩子就有了对立的立场,越对立我就越想,一定要改变他!后来经过十年的研究,我发现我原来的观点是错的。为什么呢?第一,生命的状态首先是生长,而不是改变,在尊重他生长的前提下,慢慢地观察他的个性,观察他的需求,在此基础上去引导他,让他先生长再生成。生成什么呢?生成价值啊,这个过程不是老师强加给他的。我认为价值观是建构的,知识也是建构的,而关系也是建构的。所以现在新校园的设计,我就重点放在让孩子们有机会有时间去生长、去生成、去建构……"

"但这个过程也不是孩子自发的,而是需要教师的帮助,是吧?"我问。

他说:"对的。就是让他们在老师的帮助下,自己形成正确的价值观。我认为对生命应该从尊重出发,而不是从改变出发。首先是尊重他的生长,然后才是他自己去体验,通过我们的帮助让他自己去改变自己。注意,这个改变来自孩子的本身的生命需求,而不是来自外部的力量。"

我想起我以前说过的话，好的教育总是能够在"引导"与"尊重"之间找到平衡点。詹大年的"不改变"，是针对教育者一厢情愿去束缚孩子自由、扭曲孩子天性的"过度教育"，而主张因势利导、顺应个性的引导。这并不是真正放弃教育的使命，恰恰是提高了教育的有效性。

特别可贵的是，他明确提出："这个改变来自孩子本身的生命需求，而不是来自外部的力量。"

十

我知道，很多人是不相信丑小鸭中学的奇迹的。网上就有不少人问："丑小鸭中学的升学率如何？"好像丑小鸭中学拿不出"社会公认"的升学成绩，就不能算"成功"。

詹大年说："问题是，我们教育的问题正是出在单一的评价上。许多孩子的悲剧也是由单一的评价标准造成的。在我这里，恰恰是改变了单一的评价，而让每个孩子都充分展示其个性，和他独特的智慧与天赋。一下他们便回归了生命的正常状态。其实，所有来丑小鸭中学的孩子，他们的父母几乎都已经绝望，别说考试和升学，就连正常的生活乃至生命都已经难以维持，不然他们不会把孩子送到这里来。如果孩子能够正常学习，何不就待在原来的学校呢？可以这样说，来这里的所有孩子，不愿去学校至少是半年以上。然而到了这里，我不再用学习去逼他，尊重他生命的正常状态，激发他们生命的潜力，结果他们反而保持了一种探求精神和学习欲望。你看，我学校每间教室的书，都是读过的，许多书都翻烂了，你能说孩子不爱学习吗？我这里的主要任务，是让孩子回归生命的正常状态，正确地认识自己，正确地与人交往，包括与父母和周围的人交往。这一点，我的成功率是百分之百。至于学习，好多孩子回到原来的学校后，不但能够正常学习，而且还考上重点高中，后来考上大学，拿到硕士文凭。就算没有考上大学的，也拥有了人生的自信和生活的能力，这种教育成果哪里是仅仅用单一的考试评价标准能够衡量的呢？"

我想到了徐含笑，想到了梁嘉恩，想到了张杰，想到了徐明亮，想到了和健鹏，想到了王涛……这些我有过比较深入交流的孩子，当初来之前，哪一个不是"十恶不赦"？但凡有一点点希望，家长都不会把他们送到丑小鸭中学的。可现在，他们都那么阳光、朴实、向上，这不是最有说服力的证明吗？

十一

"我正在新校园建一座平房，背靠两棵大树，面对一个花园。就是你以后的办公室。"大年对我说。

我说："好呀！以后在这里建立一个'李镇西教师成长研修营'，面向全国招募一批纯度为100%的教育理想主义年轻人，我会经常来的。下次来，我想给孩子们上一节课！我一直很想给他们上课。"

他说："下午就上一节课，怎么样？你是五点四十的航班，时间完全来得及。"我没思想准备，但我很爽快地答应了。

下午，全校六十多个孩子坐在一间教室里，我给他们上了一节语文课《一碗清汤荞麦面》。虽然没有教材，但我太熟悉这篇经典小说了，几乎能够背下来。我也给学生上过无数遍，在武侯实验中学担任校长九年间，我给每一个班的孩子都讲过这篇小说。许多学生毕业多年，依然记得当年在武侯实验中学读书的时候，李老师请他们"吃面"的情景。

今天，面对丑小鸭中学的孩子们，我感觉自己又回到了武侯实验中学。朗读、分析、提问、讨论……一切都是很平常的课堂，但无论是我还是孩子们，以及听课的其他老师，都被作品深深地感动了。关于善良，关于坚强，关于尊严，关于自强……还有小说不动声色的情节推进艺术，和看似平凡朴素实则寓意深长的细节和对话，都打动了我们。

整个课堂，自始至终都弥漫着一种神圣与庄严的气息，当然间或也有着孩子们不由自主的欢笑。每一个孩子几乎都一直目不转睛地凝视着我，他们的眼睛清澈透亮，闪烁着纯真的光泽，我面前俨然一片星辰大海。面对由一双双明亮眼睛组成的璀璨群星，你无论如何想象不到，其中的每一双眼睛，都曾经暗淡而迷茫；他们当中的每一个孩子，都曾经是让老师和家长头疼，让詹大年和他的同事们心疼的"问题孩子"！

我为学生们上课

十二

在谈到小说主人公的善良时，我特别提到了武侯实验中学的校训："我工作过的学校，曾经有一句校训，是'让人们因我的存在而感到幸福'。今天我把这句话也送给大家，希望在你们的生活中，以及将来的人生路上，每一个孩子都能'让人们因我的存在而感到幸福'！"

下课时，我动情地说："以后，我还会来看大家，给大家上课，当然也有一些同学即将毕业，以后我们不一定能够重逢，但是，我相信，你们的将来会有不止一百种可能，你们会赢得自己幸福的人生。到那时，你们或许会记得李老师今天带给你们的'一碗面'和一句话——"

"让人们因我的存在而感到幸福！"所有孩子一起大声说出了这句话。

我和孩子们互道"再见"，詹大年走上来，给我颁发一个大红的聘书，上面写着："聘任李镇西先生为丑小鸭中学兼职教师。"

我说:"这是我的荣幸!我将把这个头衔写进我的简历。"

在一张张纯真笑脸的簇拥下,我拿着聘书和孩子们合影。

十三

离开丑小鸭中学时,我突然想到一个问题:"大年,丑小鸭中学今年刚好建校十周年,你为什么不搞一个十周年校庆呢?"

他说:"原来我也想过,但我觉得十周年校庆没有什么成果可'庆',我的多数学生还没长大啊,有的刚刚毕业,有的还在上高中,有的在上大学,也有结了婚的,但不多,我觉得办学效果还没有充分显示出来。我打算二十周年的时候再看,这些孩子呢,到那时候小的也是30岁左右了,应该能说明一些教育的效果了。"

我想到,现在不少学校热衷于校庆,因为可以借"校庆"之机"彰显特色""提升形象""扩大影响""打造品牌"以及由此带来的"商机"。相比之下,大年对待校庆的态度,是真实而朴实的。

我说:"你看得很远啊!"

他说:"你不是经常讲一句话吗?教育的成功是要以孩子未来的幸福来做标准的。这个教育是否成功,得以三十年后学生的生活状态来衡量,那才可以说明问题。所以现在我想,十周年校庆不搞了,二十周年的时候再看吧!"

大年的话,把我美好的遐想一下引向了"丑小鸭"的未来……

2021 年 6 月 8 日

还有哪个校园,有丑小鸭中学这么美丽而辽阔?
——"教育,就是多给生命一条路"(1)

因为参加新生命教育暨爱心与教育第十届年会,我又来到丑小鸭中学。当天下午,我走进海拔 2000 米的宜良县瑞兴村,走进丑小鸭中学的新校园。和老校园相比，面积差不多大，但校园外面则是一片辽阔的天地。我通过无人机从空中俯瞰，泛光的水塘、绿色的果园、弯弯的村道、起伏的山坡、叠翠的田园，还有无尽的蓝天和天边的白云……都是丑小鸭中学的校园。

我不知道，这个世界上，还有多少校园能有丑小鸭中学这么美丽而辽阔？

下午，作为丑小鸭中学的兼职教师，我给孩子们上了一堂课。上个月我来的时候给他们上过一节语文课，讲《一碗清汤荞麦面》，今天我给他们讲了关于成长的故事——算是班会课吧！

我讲了我的学生杨嵩、张凌、宋怡然、宁玮等人的故事，告诉他们，每一个孩子都有着 100 种可能；我也应同学们的要求，讲了我自己中学时代的故事，我特别讲了我中学时犯的错误，告诉他们，没有一个人在成长过程中不犯错误，关键是不要一直成为错误的俘虏，所谓"成长"就是不断地战胜自己。

在我讲述的过程中，也有一两个孩子有点分心，或有点小动作，这非常正常，我没有批评，而是一边讲一边走到他的身边，似乎不经意地

为孩子们上班会课

把手搭在他的肩上，或摸摸他的头，这个别孩子自然就专心听课了。更多的孩子则是目不转睛地凝视着我，显然被我的讲述吸引了。当我提问时，好些孩子举手，和我讨论。

课后，好些孩子和我一起合影留念。看着他们清澈的目光、开朗的神情和无邪的笑容，我很难想象，这是一群所谓的"问题孩子"。

学生们在装饰校园

校园还没完全装修结束，特别是一些外墙装饰，以及教室、食堂、阅览室等，都还是"半成品"。詹大年说："这些都是孩子们要完成的作品。"他的意思是，怎么装饰，与他无关，是孩子们的事。在原来的老校园，从寝室到教室，包括园林的修剪，全是孩子们自主完成。"这是孩子们的一个创造空间！"他说。

果然，我看到校园的墙上，几个孩子在画画；食堂被弄成了不像食堂的书吧；教学楼的墙上，挂满了孩子们想挂的玩意儿……

其实这个校园并不旧。原来是瑞星村村小的校园，建成才几年。詹大年对我说："一切设施都是完好的，如果就教育教学的基本功能而言，我一分钱都不用再投入，这个校舍我直接就可以用。但我还是花了几百万元来装修，因为我要融入新教育的文化元素，同时还要给孩子们一片展示的空间。"

我在学校放飞了无人机，从空中拍下了阳光照耀下的新校园。然后又去丑小鸭中学的旧校区，准备用无人机给詹大年留一些影像资料。

已经毕业的她，为什么想"做一个丑小鸭的老师"？
——"教育，就是多给生命一条路"（2）

最让人感动的，是第二天晚上孩子们的演出。其实，所谓"孩子们的演出"这个说法并不准确，因为他们不只是表演文艺节目，还讲述自己的故事，特别是在丑小鸭的感受；讲述者也不只是孩子，还有他们的妈妈。

吉他弹唱、擒敌展示、古筝演奏、电影配音、现代舞蹈……即使加上詹大年和杨柳夫妇的二人合唱，节目也不多，但真的很精彩。精彩在于朴素，一看就是没有经过什么"精心彩排"的，说上就上，有些节目还不那么整齐，但人人都很认真；精彩在于真诚，所有上台的孩子都很投入，唱歌时我看到有的女孩眼里还含着泪水；精彩在于才华，有的表演在我看来已经接近专业水平。比如那个视频配音，一个小女孩居然将不同角色的声音模拟得惟妙惟肖，所有观众都惊叹不已。

当然，真正打动我的，是穿插其中的讲述。在节目之间，会有丑小

学生们的才艺表演

鸭中学的老师、学生和他们的家长给大家分享他们在丑小鸭中学的成长故事和自己的感受。

五个孩子走上舞台坐着，主持人说要对他们进行采访，我开始以为只是主持人提问，他们回答，这样的话，事先排练的可能性比较大。结果不完全是，不但是主持人提问，而且也要全场老师随便提问，那五个同学即兴回答。

学生接受提问

有个问题我印象比较深。一位老师问："你们在原来的学校和同学相处，与这里有什么不同？"

一个女孩回答："原来的学校，同学们对我不是很友好，而这里的同学很善待我，对我很好，没有人排挤我。"

有意思的是，台上有两个同学的父母都是老师，在回答"你们的父母对学生，与这里的老师对学生有什么不同"这个问题时，一个学生回答说："我父母都是公办学校的老师，爸爸是化学老师，妈妈是语文老师，他们和学生的关系不像这里的师生关系那么亲近，他们对学生要严厉一些。"另一个孩子回答说："我的父母是大学老师，妈妈是教政治的，爸爸是教机电的。我的父母更多的是向学生传递知识，而这里的老师给学

▲ 学生在装饰校园墙面

▲ 学生在清洗操场

生更多的是传递爱。"

他的回答激起了全场热烈的掌声。

另几个学生的分享也很让人感动。

一个叫徐含笑的女孩说:"在来丑小鸭的前一天,我还在外面潇洒,但那天回家后却没有受到父母往常的批评,而是要我陪他们来云南旅游,并参加亲戚的婚礼。到了云南,父母去了亲戚家,我却被骗到了丑小鸭!没看到亲戚,没看到酒席,看到的是穿迷彩服的学生和几位老师。当时我第一反应是要逃离这里,我开始哭,开始闹,后来经过心理老师的开导和同学的安慰,我逐渐融入了丑小鸭中学。我学会了把被子叠成豆腐块,学会了快速整理内务。现在的我,可以帮老师管理班级,接待新同学,甚至可以站在这么大的舞台上侃侃而谈。丑小鸭教给我们的不仅仅是整理内务,还教会我们待人做事。在这里,在家连碗都不洗的同学会主动给老师接水,主动问前来的家长需不需要帮忙;很多同学在原来的学校被老师戴着有色眼镜另眼相看,可在这里,个个都是老师的心肝宝贝;很多同学在原来的学校连舞台都没上过,可在这里,每一个同学都能上台绽放自己的光芒,成为主角;很多同学在原来的学校都爱欺负弱小,可在这里,每个同学都对新同学关爱有加。丑小鸭中学的理念是'教真育爱',教真实的内容,培育有爱心的我们。朱永新老师在新教育中提出'过一种幸福完整的教育生活'。詹校长尽一切努力为我们创造好的环境,学校教学楼的每一根木板都是詹校长精心挑选的,围墙上的旧木板,都是詹校长用锤头一下一下敲下来的。在这里,我们可以尽情地释放自己的天性,展现自己的才能,做最好的自己。我在丑小鸭中学的时间不多了,在这里,我找到了自己的理想,报考了幼师专业,我想成为一个有爱心的教师,更想成为一个丑小鸭的教师!"

她的最后一句话,赢得了所有人的掌声。

主持这次采访对话的熊世文,是一个身材颀长、相貌英俊的小伙子,他也是丑小鸭中学的学生,是去年12月来到丑小鸭中学的。他与大家分享了他在丑小鸭中学半年的感受。

徐含笑发言

他说："如果说用三个词来形容六个月前的我，毫不夸张地说，就是'颓废''浑浑噩噩''装模作样'——就是装，就是硬硬地装，装作自己什么都不在乎，装作自己什么都不想拥有，装作自己就是那种一败涂地的样子。我自己都自暴自弃了，总是用一些极端的方法去表达自己的情绪。

"刚到丑小鸭中学的一个月，我哭过闹过，我觉得我来错地方了，这个地方不适合我。后来发现是我错了。与其在外面待着一点都不学，还不如跟在詹校长后面边玩边学。学的是什么？学的是生活，学的是我该怎么样活下去。"

他以自己的感受谈丑小鸭中学与其他学校不一样的教育："如果说外面是应试教育，那么这里面应该是素质教育。其实我个人是不懂得应试教育的，但我知道它把人的思想禁锢了。而这所学校不一样，我们在丑小鸭中学里面想学什么就学什么，想学音乐有老师教，想学武术有老师教，想学射箭詹校长就亲手教你怎么射箭。想学什么就有老师教你什么，你有多大的能力就可以拥有多大的舞台。我就特别喜欢播音主持这一类，杨校长一次又一次给我机会。大大小小的节目，只要我愿意，她都能给我这个机会。"

丑小鸭中学唤醒了熊世文的学习激情和动力，他决定回老家参加中考。经过三个月的备考，他创造了他说的"我人生的第一个奇迹"——中考成绩580分，熊世文为此感到骄傲："它证明我是真的长大了。"

中考后，他一下失去了目标，又有些迷茫，感到没有了方向。于是，他打电话给詹校长说："詹校长，我要回来了，我回来帮您的忙！"于是他又回到了丑小鸭中学，当上了夏令营的助教。

熊世文说："在夏令营，我发现我可以自己带着一个排的人，带他们一起成长。我发现我已经不再是以前那个样子，需要别人来照顾我。现在更多的是我有能力去照顾别人了。我有一点点能力去保护我喜欢的人。我喜欢我爸，我喜欢我妈，以前，我从来不会去帮他们说什么做什么，但是现在，你如果敢说我父母一点不对，我绝对不会答应也绝对不饶你的！"

在管理别人的过程中，他悟出了"最好的管理莫过于示范"的道理："在助教生活中，我发现，有的孩子没有一点点自觉能力，必须要有人看着。我一开始不知道为什么他们很懒散。后来在教官的指导下发现我自己就很懒散。于是我就开始改变，我把自己变得更加有定力一点，才发现，我的组员跟我学了，他也变得更有定力了。所以说丑小鸭中学教会我一点：不管你做什么事情，一定是你自己有能力了，你才有资格去对别人指点，你才有能力去给别人带路。"

最后，熊世文动情地说："我的高中生活快开始了，我即将离开丑小鸭中学，开启我的来之不易的生活。父母的努力，老师的努力，还有我自己的努力，真的来之不易。我要好好珍惜它！开始高中生活，也就意味着我和丑小鸭的故事暂时告一段落了！我很想每个暑假都回来，给丑小鸭中学当义工。不知道詹校长和杨校长能不能同意？"

熊世文发言

下面热烈的掌声中，夹杂着不约而同的"同意"声。

看着他彬彬有礼，侃侃而谈，谁都无法想象半年前他是什么样子，至少是不会把他和"问题孩子"联系在一起的。

当年叫嚣要"杀人"的孩子大学毕业了，今天泪流满面感谢詹校长
——"教育，就是多给生命一条路"（3）

晚会由五个丑小鸭中学的孩子主持，其中有个英俊的小伙子，看上去显得比其他孩子要老成些。他的嗓音浑厚成熟，不像其他孩子那样还多少有些童稚的声音。我估计他应该是往届毕业生。

果然，他一开口便介绍自己说："我叫陆亚斌，是丑小鸭中学的第一届学生，今年22岁，刚刚从南京大学毕业。今天刚回来。因为几天前接到詹校电话，他说你过来帮我个忙，帮我来主持一场晚会。我说可以啊，因为这个晚会，第一届是我主持的。现在这个晚会已经第十届了，我也毕业十年了。"

他说："我曾经也是个问题孩子。大概就初二那一年我就换了五所学校。什么学校都试过了。后来我爸把我送到了宜良的丑小鸭中学。詹校长算我半个老乡，因为他是湖南人，我也有一半湖南血统。在学校他给了我特别的帮助，我想学书法，詹校跟我说，我给你特地找个教室，你就在那儿，没事的时候就练练字。我非常开心……"

讲到这里，他突然不说话了，掏出手机看，原来他的演讲稿是写在手机上的，他用手指划着手机，好像没找到，有些不好意思："对不起。算了，不看了。我就随便说。"

我们都用掌声鼓励他。

他接着说："我爸爸曾经跟我说，滴水之恩，当涌泉相报！我的恩人就是詹校，还有杨校，还有丑小鸭中学的各位老师！所以我觉得在他们需要我帮助的时候，我力所能及，我能帮助的肯定得帮忙……对不起，其实稿子不是这么写的。"

我们都笑了。

他说:"真的压力太大了。那我随便说了啊……"

我们再次笑了,然后再次为他鼓掌。

"好,我随便说。"他继续说,"我曾经跟詹校打了个赌。我说,詹校,我想读高中。但是我当时成绩特别差,大概只能考300分。那个时候是2012年,我最多只能考个300分。詹校说:'没事儿,只要你考到500分,我就给你找个高中去上。'我说:'500分?行,没问题,我努把力。'我真的是最后一个月拼了命地努力,最后刚好考了500分,不对,是501分!"

热烈的掌声再次响起。

他接着说:"读高中时我中途回来过一次,在学校里面当义工。之后就一直没有回来,直到考上大学。但其实我心里也挺想念詹校、杨校和这里的老师!确实,我能有今天,能上大学……我真的,这一切从来没有想过……"

他有些激动,说话似乎有些语无伦次,但我们都能感到他心中真诚的情感在流淌。

深吸一口气后,他说:"我曾经是个问题孩子。你们知道吗?我现在

詹大年校长和陆亚斌

大学毕业了，我回来第一件事，就是想看看詹校，我的恩人。我想跟詹校拥抱一下。"

他说着说着，就走到台沿，然后跳了下来，与前排已经站起来的詹大年校长紧紧拥抱，他的眼泪已经流下来了。

全场的掌声如雷鸣般热烈。

詹校长从他手中拿过话筒，说："我来讲几句吧。他是我的第一批丑小鸭孩子，他刚才说他曾经是'问题孩子'，其实到现在我也不知道他到底是什么问题。"

大家都笑了。

"真的。"詹大年继续说，"当时，他脾气特别火暴，给人感觉他动不动就要对别人动手。有一次他在操场上大叫，我说你要干什么，他说我要杀人。"

大家又笑了。

"他说他对我太差了。我问谁对你太差了，他说他犯了错误，德育主任骂了他，其实就是批评了他。我说那你想干什么？他说我想揍他。我说你去嘛。他说我打不过他。"

我们又笑了。

"嗯，那么后来呢，这个孩子很聪明。"詹大年说，"但是他有点懒，就是文化学习他不喜欢，他喜欢画画呀写字呀，我就专门给他找了一间教室。我说你就在这里画嘛！他不是很调皮吗？这样他就不调皮了嘛！但他说他爸爸非常希望他能考上一个好的高中。我就对他说，孩子，你一定要努力争取考一个好的高中。因为他当时成绩真的非常差，而那时离中考只有一个多月了。他对我说，詹校你放心，我一定会给你争气的。我问，你能不能考个 500 分？他说能。后来呢，这个考试分数出来以后，他考了 501 分。我就给他找了个高中。他爱打架，他爸爸说你相信他能改正吗？我说相信他。他说他要打到 30 岁，现在 22 岁了，快结束了，应该不会再打了。"

我们又笑了。

詹校长说："我真的一直都觉得他很棒。我现在都搞不清楚他有什么问题，他爸爸当时说对他没办法了，初二他上了五个学校，他爸爸很是着急。可我现在都不知道他到底有什么问题。你很棒！"最后一句话，詹校长是转过头对陆亚斌说的。

詹校长在说的时候，一直把左手搭在陆亚斌的肩上搂着他。而陆亚斌时不时都在擦眼泪，他脸上的泪水在灯光的映照下泛着光亮。

他从詹校长手中接过话筒，继续讲。他说自己来自一个单亲家庭，一直是父亲带着他，缺乏母爱。然后他说："我现在想对学弟学妹们讲一句。其实学习并不是很重要，首先是要学会做人，学会感恩。当然，学习也不是不重要，现在我刚毕业，我知道文凭是非常重要的。但做人是第一的。我现在大学毕业了，在昆明准备上班实习，准备工作。我现在跟詹校打包票，如果将来需要我，一个电话，我随时到！"

下面的热烈掌声中还有欢呼声，丑小鸭中学的老师说："你是学弟学妹的榜样！"

前文提到过的，我的校对志愿者团队的黄宗晞老师说过，她在家庭教育群里认识的，在她推荐下把孩子送到丑小鸭中学的那位母亲也上台分享了她对丑小鸭的感受。

她的第一句话是："我是丑小鸭在读学生赵健翔的妈妈……"停了几秒钟，她又说："此时此刻，我的心情很激动，也很感动！不好意思，我也是第一次上这么大的舞台，可能说得语无伦次，请大家多多谅解！谢谢！"

大家用掌声鼓励这位母亲。

她继续说："我的儿子赵健翔，他今天的精神面貌，让我非常开心。他之所以有今天的精神面貌，我想感恩一路走来帮助我的人。首先我要感谢替李镇西老师做校对的黄宗晞老师，我和她是学习家庭教育时认识的。当她知道我儿子在家已经逃课两周的时候，通电话时她跟我说，要不然送去丑小鸭中学吧。她是从李镇西老师的文章里知道詹大年老师，知道丑小鸭中学的，因为她对李镇西老师的相信，因为我对她的相信，因为简单的相信，因为相信'相信的力量'，所以，大家就看到了我儿子今天的精神状态，刚才在上面表演节目的同学，也有他。"

6月份我来丑小鸭中学时，见到过赵健翔。当时我航拍校园，他很好奇地望着天上的无人机，还不停地挥手。此刻，可爱的他正在下面坐在地上用手机为演讲的妈妈拍视频。

为妈妈拍视频的赵健翔

赵健翔妈妈动情地说："感谢大家！真的，非常地开心！孩子之所以有这样子的改变，我想特别感谢詹校，感谢杨校，感谢丑小鸭所有的老师对他的帮助，对他的引领。我其实更想说，因为进了丑小鸭这个学校以后，我的孩子在这里得到了从来没有过的尊重，被理解、被认可、被引领、被爱。因为他来到这个丑小鸭学校以后，我看到他可以上台演讲，他那次演讲的主题是'我和我的妈妈'；他还可以上台表演，上台演唱。这在学校原本是非常正常的学习娱乐生活，但是，对于一个在学校里被歧视、被羞辱的孩子来说，是永远没有这种机会的。但是他在这里得到了成长，得到了锻炼，然后也越来越自信、阳光。所以，我特别要感恩丑小鸭的全体团队，谢谢你们，谢谢你们的付出！我也想替所有在校的学生的家长说一声：'谢谢你们！'"

也许是太激动，也许是她忘记了稿子，她有些难为情地说："我本来写了挺长的一段文章，因为我从来没有上过这么大的舞台，得认真准备准备。所以,昨天晚上半夜的时候写了很长的一段文字在手机里,忘记了,不好意思啊,让你们见笑了!"

大家都笑起来了,给她鼓掌,鼓励她说下去。

她继续说:"我非常感动,今天不是让我说说我的感受吗?我就是想感谢、感恩丑小鸭中学的付出!你们做了本该是我们父母应该去做的事情,我们没有做到,但是你们做到了。

"所有的孩子在你们这里经过一段时间以后,每个人都有不同程度的蜕变,每个孩子的脸上都露出了笑容。我看到我儿子的脸越来越圆润了,我这一次来的时候,他说:'妈,你看我有肌肉了!'因为他一直在运动!以前我觉得学习好就是唯一的好,学习好才是王道,我在那一刻发现,我儿子很阳光、很自信、很man(男人),然后又特别帅气。他原来学校的那些男孩子呢,就像是豆芽菜一样,可是他们像豆芽菜一样不能怪他们,因为他们没能够像丑小鸭的孩子这样,在阳光下锻炼,在阳光下成长。所以,我在那一刻完全释然了,我觉得学习是很重要,但是,成为一个健康的人更加重要。这种健康有身体健康、思想健康和行为的健康,我觉得这种健康比学习更加重要,我相信这样阳光自信的孩子,如果有一天他长大了,他想学什么的时候一定会学好,也一定能做好的,是吧?"

大家用热烈的掌声回答她。

她谈到了她的儿子:"其实,我也特别想借此机会感谢我的儿子赵健翔,妈妈谢谢你来到我的生命里,成为我的儿子。因为我是一个身体不好的人,我曾经被医生判死刑,在1995年的时候,医生说我只能活10年。我儿子可以说是我真正冒着危险生的孩子,我有系统性红斑狼疮,是不能生孩子的。从怀孕一直到生养他到他16个月大的时候离婚,都是我一个人带着他,他跟着我吃了很多的苦。在他3岁的时候,他还那么小的时候,我经常发病,我们一天只能吃一顿饭……"

说着说着,她流泪了:"但是那个才3岁的幼小的他,就知道喂我吃饼干,喂我喝牛奶,我特别感谢你,谢谢你!"

懂事的赵健翔快步走上台，用纸巾给妈妈擦泪。母亲与儿子紧紧拥抱。

全场再次响起了掌声。

赵健翔和妈妈

她转身对儿子说："然后，我也想跟你说声'对不起'，因为妈妈让你吃了很多同龄人没有吃过的苦，也打骂你。然后，在你成长的路上，也做错了很多的事情，我想请你原谅，对不起，真的很对不起！"她拉着儿子的手，鞠了一躬。赵健翔轻轻地抚摸着妈妈的背，安慰她。

更加热烈的掌声响起了。

她含着眼泪，继续说："谢谢你！因为妈妈也是第一次做妈妈，所以，做错了很多事情。"

她谈到了她为什么要把孩子送到丑小鸭中学："今年4月，我对赵健翔说：'我要把你送到云南的一所学校去！'那个时候他已经在家里日夜颠倒地玩游戏，机不离手。但是他的第一反应不是说'我不去，我就在家里'，而是问我：'那是一所什么样的学校？'我说：'那是一所让你重新去发现自己的学校。'我从他问我的这句话里，感受到其实孩子还是很想在学校的，只是他在曾经的学校里已经被打击得体无完肤了。"

儿子一直站在妈妈身边，看着妈妈，母子俩一直手拉着手。母亲突然提高了声音，很自豪地说："我现在特别开心，我的儿子又活过来了，在丑小鸭活过来了！"

大家再次鼓掌。

她说："所以我感恩詹校，感恩杨校，感恩丑小鸭所有的团队、所有的老师！因为有你们，所以他才活过来了，虽然他还有很多小缺点，但是我相信，这样阳光自信、懂事体贴的孩子一定会越来越好。我还想借此机会告诉那些私聊我、想咨询我'丑小鸭中学究竟怎么样'的家长，现在你们看到的就是我要给你们看的结果，这就是我儿子，这就是在丑小鸭重新绽放的男子汉！你们看到了吗？"

欢呼声和掌声一起响起。

她最后说："我特别感谢你们对我们的信任，感恩所有的遇见，感恩李镇西老师，还有詹校、杨校，谢谢你们！"

掌声中，母子俩同时向台下鞠躬。

学生向老师发问："老师，你心中的问题学生是什么？"
——"教育，就是多给生命一条路"（4）

潘俞睿曾经是丑小鸭中学的孩子，初二下学期来丑小鸭，一直读到初中毕业，现在就读于玉溪一所高中，下学期就高三了。他母亲向大家讲述了她和儿子与丑小鸭中学的缘分。

"缘分是个非常奇妙的东西，我和詹校长在 8 年前就认识了。"她说，"那个时候，我在一个学习交流群里面，听过詹校的一集关于教育的课，整堂课听下来以后，我感触非常深刻，所以我就把詹校的微信加上了。从他的朋友圈和微信公众号里面，我了解到，在我们美丽的春城——昆明，有这么一个学校叫作'丑小鸭中学'。"

她说起了当初不堪的回忆："孩子初一那年，已出现了叛逆，他逃学、旷课、辍学、玩游戏，所有家长遇到的问题，都发生在我的身上了。那个时候我是绝望的、焦虑的、迷茫的,我对未来看不到任何的希望,我觉得我的人生和我儿子的人生都已经完了。然后我就去求助我身边的朋友、亲人,我身边所有做教育工作的老师,还有我们最智慧的领导,我一遍一遍地去求助于他们。但是,我没有得到答案,反而变得更加焦虑,我的孩子和我之间的交流也变得越来越困难了,我们已经失去了信任关系。"

这时候她想到了詹校长:"我想到了丑小鸭中学,我觉得我应该把我儿子送到这个专业的学校。所以,在初二那一年,我义无反顾地把我的儿子送到了丑小鸭中学。第一个月的时候,学习老师、生活老师,还有他们的文化老师都在调节我儿子各方面的状态,所以我和孩子是没有任何交流的。第二个月的一天早上,突然接到我儿子打来的电话,他在电话那头轻轻喊了一声妈妈,那个时候我觉得——人间值得!"

下面的掌声响起了。是呀,"已经失去信任"的儿子,突然打来电话,一声"妈妈"标志着儿子开始发生变化。

"接下来我在丑小鸭中学参加了家长培训会,通过家长培训会,我意识到我以前的教育当中存在的问题,所以我也在改变,也在提升。"她说,"而我的孩子在丑小鸭,除了完成他的文化课,参加了各种兴趣班:射箭、滑板、书法、唱歌、跳舞、吉他等,还包括军事体能训练、野外生存训练、生活技巧等的训练,他变得越来越阳光,越来越自信。于是,我们之间的信任关系又建立起来了,我们的沟通变得畅通无阻。"

潘俞睿在丑小鸭中学读了一年半,直到毕业。2019年暑假我来丑小鸭中学时,他已经考上玉溪一所高中,正在参加高一军训。当时,詹大年给我讲起过这个孩子。

2020年暑假我又去丑小鸭中学,问潘俞睿在高中发展得如何,詹大年说:"前不久他妈妈还对我说,这次期末考试,在全年级6000多学生中,潘俞睿名列第五名!"当时,我惊叹不已。

此刻,他妈妈说:"现在,我的儿子已经是一个高三的学生了,这学期开学差不多有20多天了。上一次高二期末考试的时候,他们学校有

6000多人，他在年级尖子班里面排名前十。"

全场鼓掌！

"他告诉我说：'妈妈，高三这一年我一定要拼搏，我一定要努力考上自己心仪的大学！'听到这句话，我非常欣慰，我觉得他现在通过丑小鸭中学这一年的磨炼，完全适应了严格管理和高强度的学习模式。他已经长大了，已经成熟了。"她自豪地说。

最后，这位母亲真诚地说："所以，我想给在座的各位家长说一句，孩子的成长可能是一个漫长的过程，也不可能是一帆风顺的过程，所以我们要多点耐心，也希望所有老师在教学过程当中，多一份爱心和鼓励，让我们的孩子能够健康快乐地成长！"

丑小鸭中学不但培养孩子，而且还培养家长，让许多家长和孩子一起成长。

这次年会有一个分论坛，是与会教师与丑小鸭中学的几个学生就"如何建立良好的师生关系"这个问题展开对话。

在回答"师生关系应该是怎样的"这个问题时，刘正高同学说："如果师生关系亦师亦友，学生就愿意把心里话跟老师讲，老师就能听到真话。"

普楠同学说："在原来的学校经常跟老师吵闹，但是在这里跟老师就像朋友一样，特别想和他们相处。"

戴东轩同学说："我觉得学生跟老师应该是平等关系，在原来的学校是强迫你必须尊重老师，好像道德绑架，结果反而让学生不敢跟老师说话，至少不敢讲真话，而在这里就不一样了！在丑小鸭你可以开老师的玩笑，给老师起绰号，跟老师做游戏，怎样都可以。"

当主持人问"好的师生关系对学生有怎样的影响及改变"时，普楠同学说："我会莫名其妙地喜欢那个老师，想跟他一起学习。"赵健翔同学说："如果喜欢那个老师，我会有更高的学习积极性。"

其实孩子们说的不过是常识，但这些常识在不少老师那里已经被遗忘了。

对话中，有一个情景很有趣，学生向老师发问："老师，你心中的问

与会老师与学生展开对话

题学生是什么？"

面对这个问题，老师们出现了片刻的沉默，好像不知如何回答。

这时候，刘正高同学忍不住说话了，他直抵问题本质："如果老师能正面去面对那些问题，那些问题就不是问题了。可你们只是用你们的方法对待我们的问题，而不是站在我们的角度考虑我们的问题，导致我们不愿听你们的，所以觉得我们太难教了，就成了问题孩子！"

他率真且真实的话，戳中了许多老师的"穴位"，却赢得了老师们的掌声。

面对掌声，刘正高同学似乎受到鼓励，继续说："老师们有没了解过国外的教育方式呢？国外的教师尊重每一个孩子，认为每个孩子都有独一无二的价值。他们没有那么多作业，而是注重培养学生的思维等综合素质。"

这些情况，其实老师们都知道，但从一个孩子，特别是丑小鸭中学的孩子嘴里说出来时，大家还是不禁若有所思。

主持人问："什么样的老师能够走进学生的心灵？"

戴东轩同学说了两个字："温度。"他稍微解释了一下，"就是要让学生感到来自老师的温度，看到光，看到希望。"

普楠同学说:"希望老师们回去好好跟你们遇到的问题学生沟通,了解他们的内心世界后,你就会发现其实他们跟我们一样可爱!"

"在丑小鸭我们找到了自己!"
——"教育,就是多给生命一条路"(5)

其实,主持人李素怀老师来报到的那天下午,就和刘正高、赵健翔两个孩子聊过了,因为不是在论坛的正式对话,而是随意聊天,聊得更精彩。用李素怀老师的话说:"他们不经意说出的话,我惊呆了,完全想象不出这些孩子对教育的理解比我们老师还深刻。"

我看了李素怀老师事后根据聊天录音整理的文字记录,有如下片段——

李素怀:在这所校园里我看到了"允许",允许你们去表达你们的想法,同时我也看到了我的问题,我没有创造太多的"允许"给学生。

刘正高:是的,大多数学校都不会像丑小鸭学校这样开放,只要你有问题、有想法就可以提出来。在外面的学校,你有想法,你有观点,他们会认为那些都是错误的,是不对的,没人听我们的想法。

李素怀:如果你和他们的观点不同,他们会认为你的观点是错误的?

刘正高:对,有些老师就是这样的。比如说做一道题吧,如果我要换一种思路来解,他会说,这个解法是教科书上规定的,他就按照传统的思维来教。

李素怀:我能够理解你,即使你解题时结果是错的,可在这个过程中你付出了努力,你进行了思考。可因为一个结果,或是解法不对,就被老师否定,当你下一次再做尝试时,你已经失去了信心。

刘正高：是的。慢慢地觉得做这也错做那也错，干脆就不要做了。可能一开始许多同学并不讨厌学习，可是当老师一味批评，同学们总是被否定，做什么都不对时，就不想学了。老师的不允许，限制了学生的思考，甚至还有惩罚，让我们更加失去"做对"的自信心。

李素怀：这次回去，我也尝试做"允许"的练习，这可能需要点时间，你们能够给我一些建议吗？

刘正高：你一定要让学生喜欢你，认可你。让学生感到你的做法和想法是值得被认可的。

李素怀：那我做些什么，学生才能认可我喜欢我呢？

刘正高：你要把学生当成你的朋友，凡事他都愿意找你聊。

赵健翔：小鸭的老师都是孩子们的朋友，上课是老师，下课是朋友，随时都可以找老师聊天，办公室和教室很近，随时都可以过去。在以前的学校，老师的办公室是一个严肃的地方，

学生的课余活动

没人敢过去和老师聊天。而在这里，随时都可以和老师聊一些共同的话题。

刘正高：其他学校的孩子们不敢和老师聊天，比如可能会打扰到其他的老师备课办公，老师们也不能停下手中的活和你聊天。小鸭的老师则不然，只要你想说，他们就会停下手中的活听你说，他们会让你觉得你很重要。

李素怀：是的，你们说的这个引起了我的思考，有时学生来找我说具体的事，我会觉得这个事情比较小，孩子们完全可以自己解决，没有必要和老师讲。

刘正高：可能对于老师来说是小事，但对于学生来说，并不一定是小事，对于他来说，这事特别重要。比如说，班级没有水，我们去找你来解决，你告诉我们去其他班级抬一桶。如果我们没有老师的帮助，直接去其他班级抬，他们可能认为是侵犯，不会让我们抬的。但如果你带着我们去做这件事，彼此就会觉得这是一个良好的互动。

李素怀：那我理解的是，虽然只是借一桶水的事情，但如果老师说"好，老师和你们向其他班级借一桶"和"这点小事，你就去其他班级借一桶"这个感受是不一样的。

刘正高：是的。还比如，在小鸭，我们喊老师都比较亲切，比如我们会喊班主任晓明老师，或叫他的昵称，像朋友一样，以前我们可能就要喊"李老师""王老师"，很严肃。

……

李素怀：那你能具体描绘一下"朋友"这个状态吗？

赵健翔：老师，你会叫你的朋友什么？

李素怀：我会叫我的闺密小名，比如呆呆，还有绰号，比如猪头。

赵健翔：我们和老师就是这样，叫娟娟，或是称她为"虎妞"。

李素怀：老师们允许你们这样称呼他们？

赵健翔：是的，他们还会跟我们开玩笑，像朋友一样。

李素怀：我也想和我的学生做朋友，可是无法像你们描绘的那么美好。

刘正高：那是因为老师放不下自己的威严，比如你也可以把自己的心里话跟学生讲，下课收起你的权威，多和学生聊天。学生是很愿意接近老师的，上课你可以严厉一些，下课就要收起你的严厉，更多是随和。

李素怀：你这一说，我看见了我自己，我就是放不下自己的"面子"。我会担心，如果和学生做朋友，是不是他们就不怕我了，我说什么他们也不听了呢？

刘正高：不会的。有了"朋友"这层关系，大家就是平等的，你就不会指令，而是建议；也因为这层关系，学生是愿意听老师的合理建议的。下课是朋友，上课你要做回老师的角色，学生要做回学生的角色。

李素怀：那我的理解是课下是轻松地交流，课上是认真地互动，这个角色要随时切换。你们觉得好的师生关系会带来什么，或者说为什么要建立好的关系？

刘正高：好的关系可以让我们真实轻松地做回自己，而你也容易发现我们成长的问题，而不是各种评判。

赵健翔：比如不好的关系中，学生就不会真实地表现自己，会"伪装"自己。我是4月份转到这里的，我原来的学校就会把好学生和不好的学生分得特别清楚，比如好学生做什么都对，不好的学生做什么都不对，不好的学生常常坐到后面。有了这样的区分，"好学生"就不愿意接近我们。比如，有一次，我的座位被另一名所谓的"好学生"坐着，我回来后，告诉他这是我的位子，他说："这是你的位子，那我可不能坐，否则就会变得和你一样不好。"好学生和坏学生间产生一种"阶级斗争"。

……

刘正高：老师有时候对待表现不好的学生与表现好的学生的最大区别就是不能公平对待，总是认为不好的事一定是表现不好的学生做的。

赵健翔：我就有过这样的经历，有一次老师为了方便自己管理班级，把我和我的同桌分开，他不考虑我的感受，把我放到一个角落里。他并没有考虑我被分开后的感受和心情。我当时心里很难过，又不敢跟老师说。所以慢慢地就会对老师有意见。

刘正高：其实我们也是尊敬老师的，有时我们也能够读懂老师对我们的爱。

赵健翔：我的初中和小学只一墙之隔，我就会常常去看望我的小学老师，我的数学因为她会考90多分。

刘正高：关系决定一切。

赵健翔：我的小学老师也会批评我，但是每次批评她都会花点时间和我聊天，对我说她希望我能够有怎样的表现。

刘正高：但有的老师，他们只会批评我们，似乎就是你总是犯错，没有跟我们进行交流。关系影响的东西很多，包括师生关系、合作关系等，影响着一切。

……

李素怀：通过和你们谈话，让我看到了自己，工作了好多年，从来没有学生跟我说过他们内心的想法。

刘正高：那是因为学生不敢跟你说。外面的学校就不像小鸭学校，在这里老师说什么，我们会认真听，因为我首先认可这个老师。如果外面的学校能够像小鸭学校，能够让我们轻松地学习，有良好的关系，我们就会快乐地成长。

李素怀：那你在小鸭最大的收获是什么？

刘正高：我就是外面学校里所谓的"不良学生"，现在变好了。

李素怀："不良学生"指的是什么？

刘正高：成天打架，夜不归宿，抽烟，喝酒……

李素怀：你以前真的是这样吗？在我和你的聊天中，我很欣赏你的观点和想法，我觉得你的观点很对。完全不是你说的"不良学生"。

刘正高：我改变了很多，以前所有的事情都不做了。

李素怀：那你能具体说说，比如吸烟这件事是怎么改变的呢？

刘正高：烟瘾犯了，就找事情做，比如在小鸭学校，有很多活动，而且都是你喜欢和愿意投入精力做的事情，时间一长，烟也就慢慢戒了。

学生在弹琴

李素怀：行为是被思想控制的，那你思想上会有什么转变呢？

刘正高：我以前想，读书干吗？读书有什么用？现在我认识了自己，觉得自己是有价值的，开始朝向好的方面成长。人就是这样，当他经历了一条路，一旦他意识到自己走得不对，他就会转弯，走向另一条正确的路。从一条路看向另一条路时，他会有很多体会，很深刻。反过来，他会通过回顾过去看向未来。

李素怀：你是很幸运的，你遇见了小鸭学校，你能否给没有来小鸭学校的孩子一点建议呢？或是给到老师，或是给我一点建议，让我从中做点事情，让他们能够看到自己的过去，更加能够看到未来？

刘正高：环境，给学生营造一个良好的环境。

赵健翔：我不是因为遇见丑小鸭改变，而是因为我遇见了一个好的环境，更加适合我成长的环境。小鸭就是一个好的环境，他们给我们打造了一个好的环境，这里大家相互尊重、信任、支持，我们在一起很开心。

李素怀：你们和小鸭的故事让我看到了真的教育。

刘正高：那些"不良学生"不一定来小鸭，如果老师给到孩子足够好的成长空间，他就会朝着好的方向成长。这个空间也包括老师对学生的宽容的氛围，小鸭的老师会发现你的很多方面，而不只局限于成绩，更要找你的亮点，你的亮点在以前可能是缺点，但在小鸭就变成了一种优势。原来就是一个点儿，然后慢慢地就扩大并散发了光芒，就像足球、篮球、太阳那么大，越来越大，越来越亮。

李素怀：听你这么说，我也喜欢上了这里，你对未来有什么规划？

刘正高：我还会回去读初三，考一个好一点的高中，考一个大学。学更多知识，做自己喜欢的事情。

赵健翔：在小鸭里我们找到了自己，未来我想考高中，考大学。

看了李素怀老师的聊天记录片段，我不得不感慨：这些孩子对教育的理解，超出了我们一些老师啊！

丑小鸭中学的"升学率"是多少?
——"教育,就是多给生命一条路"(6)

这次论坛有詹大年的一个主题报告,他报告的题目是《让每一个生命都有尊严》。

詹大年担心大家听不清或听不懂他有着浓浓湖南乡音的普通话,特意放慢了语速,这样他的演讲更显得从容不迫,且铿锵有力。每一句话都直击人心。我虽然对他的观点已经很熟悉,再次聆听依然心潮起伏,胸中仿佛波涛万丈。

詹大年校长做报告

虽然口音较重,但其实他口才很好,概括能力极强。说话干净利落,几乎没有多余的废话,全是言简意赅、精辟隽永的"金句"——

"孩子的问题不是学习问题,而是关系问题,关系问题是所有问题的源头。""人是关系的产物,社会是关系的产物,好的关系,才是好的教育。""关系,是教育的出发点和归宿。""家庭是什么呢?家庭是爸爸、妈妈加上孩子加上房子吗？这是家庭的结构，我们要说的是家庭的功能。有的家庭看似有家庭的结构，但没有家庭的功能。""教育，就是多给生命一条路，一条可以'玩下去'的路。""教育是一种彼此的成全，成全自己，成全孩子，成全生命。""把孩子养亲了，教育才有灵感。""在好老师的眼里，没有'优生'，没有'差生'，只有学生。""教育的顺序：关系—兴趣—规则。""丑小鸭中学就是用美给孩子开启爱的大门，具体说做了四件事。第一，保护生命：让学校成为孩子们最愿意待的地方；第二，化解情绪：让老师成为孩子们最依恋的人；第三，规范行为：让孩子们学会自我管理，而不是被管教；第四，发展个性：让德行成为诗性与个性完美的统一。""管理，不是'管下来'。管理，是建立关系，激发善良，传递善良，遇见爱与美好。""爱是师生关系的全部。""教育不只是培养'人才'，更重要的是培养'人'，而人是不可以被淘汰的。""固有的概念，会阻止我们探寻生命的真相。""教育，是构建关系；关系，是满足需求。""探寻生命真相，满足生命需求，这是教育者的信仰。""让孩子建构自己的学习、知识、关系、价值。"……

每一个凝练的句子都是詹大年对教育的理解，都是他浓缩的思想。当然，如果要就字面上说，每一个句子都不"严密"，都很"片面"，都经不起"推敲"。比如："爱是师生关系的全部。"有人或许会质疑："难道爱就是一切吗？师生关系只要有了爱就可以了吗？"但是，我们如果将这些话放在詹大年的教育实践背景中，就非常容易理解这些"深刻的片面"，他是用精粹的语句突出或强调教育中往往被我们忽视的内涵。这也是语言中的一种修辞现象。比如，"细节决定一切"等经典名言都是"经不起"质疑的："文化、制度难道不比细节更能决定一切吗？"如果这样"钻牛角尖"，就只能叫"抬杠"了。

更重要的是，詹大年所说的每一个句子，都不是他纯理论的推导，而是他丰富实践的提炼，是他基于和孩子一起生活的有感而发。当然，如果认为詹大年的报告只是这些格言式的句子，就大错特错。与这些精辟短句相配的是一张张他和孩子的生动有趣的照片，而每一张照片都有富有生命力的故事。所以，金句＋照片＋故事，构成他报告的鲜明特色，也让他的演讲极富魅力。我们被他的金句所打动，更被他的故事所感染……

詹校长和学生们在一起

当然，我知道还有人对丑小鸭中学有些不理解，甚至有一些质疑，比如：丑小鸭中学办学十年来，究竟总共有多少学生？丑小鸭中学有没有正常的文化学习？是否有升学压力？丑小鸭中学的成功率究竟是多少？等等。

尽管我多次去过丑小鸭中学，也和詹大年聊过多次，但对他和他的学校，依然还没有完全了解，也存在一些疑惑。这次，我就这些问题再次和詹大年深入地聊了起来。

应该说，丑小鸭中学既是一所正规的合法的初中，又不是一般意义上的常规初中。说它是正规合法的初中，是因为它不仅有着国家所要求的正规的办学资质，而且开齐了国家要求的所有课程；说它不是一般意义上的常规初中，是因为丑小鸭的学生比较特殊，这里的"特殊"不只是指学生大多由其他学校的"问题孩子"构成，也指他们的进校时间往往都是"随时性"的，用詹大年的话说："我的学生每天都在开学！"因为孩子随时可能送来，不只是每年9月，也可能是10月、11月，等等。来的学生可能是任何一个年级的，或初一，或初二，或初三，或上学期，或下学期，总之，来的时间没有规律。而他们在这里的学习时间也没有规律，可能待半年、一年，或直到毕业，当然更多的是学十个月，就被詹大年"劝返"。为什么呢？詹大年说："我希望他们在这里学十个月左右，行为习惯能够回归正常，能够正确认识自己与他人，并能正常处理好人际（与同学、老师和父母）关系，然后我就劝他们回原籍原校。毕竟回到父母身边读书，要方便一些。"所以，我曾经对詹大年说："丑小鸭中学其实是一个中转站。不正常的孩子到这里来变正常了，便回去了。"

也正是这个原因，丑小鸭中学的学生人数就和一般学校的人数统计不一样。有人曾经质疑："既然现在丑小鸭中学每个年级才二三十个学生，全校也不到一百个学生，怎么詹校长说办学十年有两千多学生呢？"这的确是误解，因为对丑小鸭中学的学生总人数不能这样算。比如一般的初中，如果每年招一千新生，那么办学十年大概就是一万学生。因为初一到初三，学生数目大体不变。但丑小鸭中学不然，学校一年比较集中的招生有三季（有一季是11月半期考试后），通常每年学生大概有80—100人，而学生进进出出，许多学生都是中途进来，进来了的要么读半年，要么读一年，要么读到毕业，所以两千或两千多，指的是十年间在丑小鸭待过的学生。所以，詹大年说"十年来从丑小鸭中学走出去了两千多学生"是没有说错的。

詹大年曾说："如果就学习成绩和升学率而论，我不敢说我对学生的提升有多么成功，因为学习成绩和升学率的提升取决于多种因素，但就学生回归正常的生命状态而言，丑小鸭中学对问题孩子的转化成功率是100%。"

这个说法对，也不对。的确，"回归生命的正常状态"应该是判定一个"问题孩子"是否成功转化的重要标志。以前和父母闹，和同学闹，和老师闹，和自己闹——自残乃至自杀，既不能接受别人，也不能接受自己，这都不是生命的正常状态。现在一切都和谐了——我们在丑小鸭中学看到的孩子，个个都那么阳光、纯朴、乐观、上进，这不就是"回归生命的正常状态"吗？

但是，就"转化成功率"而言，如果也进行科学的统计和分析，所谓"回归生命的正常状态"还是模糊了些，甚至有些主观色彩。因此，我建议詹大年用更客观的方式来表述丑小鸭中学的办学成果。特别是应该有尽可能精确的跟踪数据（学生离校后十年、二十年乃至更长时间的）。

在网上，经常看到有人这样质疑或评论："请问丑小鸭中学的中考升学率如何？""如果没有升学压力，这样的学校太好办了！带着学生玩儿，的确轻松浪漫，谁不会啊！"

我刚才说了，丑小鸭中学是一个中转站，不能用一般初中的标准来"规范"它，该校不少学生回归正常后等不到毕业就回原来学校或回老家转到另外的学校了，再加上学籍管理的原因，许多学生并不在丑小鸭中学参加中考。但这绝不意味着，这里的学生不学习。国家的所有课程丑小鸭中学都开足，而且依然有学生要在本校参加中考。至于中考成绩，和所有学校一样，有考得不好的，有考得好的，有的还考上了重点高中。如果要用一个简单的类似于"重点率"来表述，是很难的，因为许多孩子都回老家参加中考，全国各地的中考题和高中录取分线都不一样，如何统计？

关键是，对丑小鸭中学这样的学校，简单地用"升学率"来衡量其办学质量，本身就是荒唐的。因为它的任务首先不是让孩子考上高中，而是正常地生活，甚至活下来——有的孩子来之前有过自伤、自残甚至自杀的经历，还有孩子至今胳膊上还有曾经自残而留下的累累伤痕，可他们到了这里，变得珍惜生命，热爱生活，这不是最大的成功吗？何况，他们重新认识自己后，焕发了学习的热情，增强了自信，再后来到了高中能够正常学习，甚至还考上大学。这不是最令人感动的成功又是什么呢？前面提到的潘俞睿、熊世文、陆亚斌等孩子都是生动的例证。

那种认为"如果不谈成绩，不谈升学率，一切好办"的观点，是很可笑的。第一，在一些学校，对成绩极差表现极糟的学生，老师不是也放弃了吗？但这些孩子因此而变好了吗？第二，在全国还有一些类似的学校，专门招收"问题孩子"，可一些孩子到了这样"没有升学压力"的学校，"问题"依然存在，有的孩子就转到了丑小鸭中学。第三，何况丑小鸭中学的孩子毕业后，不少人照样考上重点高中和大学。

詹大年对教育复杂性的理解很深刻，他不认为教育是万能的，更不认为只要有了爱就可以完成教育的一切，所以丑小鸭中学有两类孩子他坚决不收：一类是残疾孩子，一类是有严重精神疾病的孩子。他说："学校不是医院，需要治疗的孩子应该送去医院，而不是学校。"也有孩子送来了，后来他发现不适合于丑小鸭中学，便劝家长领回去了。还有个别孩子来了以后，感到的确不适应也离开了丑小鸭中学。说实话，我听詹大年介绍了一些，更感觉丑小鸭中学是一所真实的学校，詹大年是在搞真实的教育。

丑小鸭中学存在着什么问题？
——"教育，就是多给生命一条路"（7）

詹大年和他的团队无疑创造了让人感动也让人难以置信的教育奇迹。但是，丑小鸭中学是不是就没有问题了？

当然不是。一个人，如果他声称自己没有缺点，那他就是一个假人。一个理论，按波普尔的观点，如果"无懈可击"且号称是"放之四海而皆准"的"真理"，不可证伪，那它绝不是一个科学的理论。同样的道理，一所学校，无论多么成功，如果被吹为"完美无缺"，那肯定是一所假学校。

坦率地说，如果按正规学校的常规标准来打量丑小鸭中学，它在很多方面都不合格，比如，教学设备、信息技术、校园环境等，显然是不达标的。如果要参加一些类似"新优质学校""义务教育示范校"等申报，肯定通不过。因为丑小鸭中学随时都在进新学生，随时都有学生离开，所以连开学时间和放假时间，它都很难与其他中小学同步，这给行政管理带来了难题。

还有，以国家标准要求来看丑小鸭中学的师资，显然也不合格——该校的专科教师就不符合国家规定的配置标准。这和詹大年的理念有关，他主张全科教学，所以他把国家课程整合成文科、理科、英语，而没有单独的化学、物理、历史、地理等学科，因此也就没有专门的理、化、生、政、史、地老师。他的解释是，因为"问题学生"的问题就是自信被伤害，关系被破坏，甚至人格被解体，只有让老师尽可能多地接触孩子，才能够建立教育应有的"关系"，如果一个物理老师，一周就两节课的时间接触孩子，下一堂课又换了另一个老师，这样就很难有师生之间的生命相融。

但是，即使抛开一些客观因素，也暂且不论丑小鸭中学的特殊性，我也觉得丑小鸭中学至少存在着两个方面的问题——

第一，关于转化"问题孩子"的课程明显缺乏。

应该说，丑小鸭中学的课程还是比较丰富的，除了国家规定的义务教育必修的文化课程（如上所说，丑小鸭中学将其做了整合），还有心理课程、军训课程以及许多兴趣社团类的课程。但是，作为一所转化"问题孩子"的学校，丑小鸭中学迄今没有比较成熟的相关课程。当然，我可以这样理解，没有"专门"的课程，但丑小鸭中学的其他课程，都在帮助孩子们树立自信，找到自我，获得幸福，赢得成长。

詹大年一直强调，教育的关键是师生和谐关系的建立。这当然没错，我也说过，只要有了师生之间的彼此信任，嬉笑怒骂皆成教育。但是，有了情感背景，有了彼此理解的前提，还得有教育的具体技术。任何成功的教育，三个要素缺一不可：思想、情感、技术。好的教育，总是有思想且带着感情的技术。而且，有思想带着感情的技术，必须通过课程来体现。

恰恰在这一点上，丑小鸭中学令人遗憾，或者说令人期待。许多人到了丑小鸭中学，亲眼看到孩子们的精神状态都很感动，感动之余自然会问："丑小鸭中学的老师是怎样转化这些孩子的？"他们关心技术、技能、技巧，这是很自然的，毕竟中国有太多的"问题孩子"不能来到丑小鸭中学，那么如果有体现相关教育思想和教育智慧的课程，定会造福更多的孩子。

然而，詹大年总是强调"理解"啊"信任"啊"关系就是一切"啊"把孩子养亲"啊……这些都对，但都很玄乎——虽然在詹大年这里一点儿都不玄乎，都很实在，但对同样具备爱心和责任心且渴望学习一些经验的老师来说，的确就很玄乎。

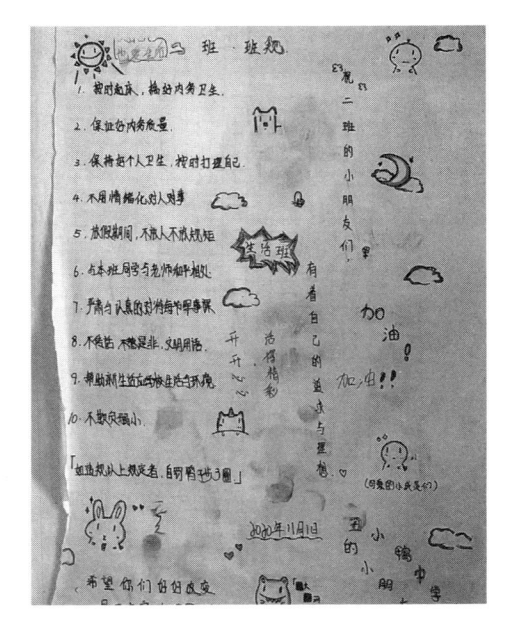

学生自己制订的班规

詹大年认为，丑小鸭中学只是一所普通的、正常的学校，没有什么特别之处，也只是用本来的、公平的方式对待每一个孩子的需求，也只是尽力把学习的主动权、自由权还给孩子，让孩子们不因为恐惧"学习"而放弃上学。那么，现有的课程只要课堂设计合理，也完全可以照顾到学生的个性，体现学生的主体价值，修复学生的自信、关系和人格，同样可以实现丑小鸭中学的教育目标。课程只是一个工具，人才是最重要的。只要眼里有人，什么课程都可以做得最好。

这可能和詹大年的一些理念有关。他一直强调教育的人文性，强调价值、情感、关系……再加上他个人的魅力，好多技术可以忽略不计。但教育也有科学的属性，也需要逻辑、分析、技术、步骤……而且这些都应该通过具体的课程和操作来体现。没有价值与情感，就没有教育；同样，离开了课程与技术，也取消了教育。道和术总是相依相存的。

所以，"只要眼里有人，什么课程都可以做得最好"恐怕还是把教育简单化了。

有着十年丰富实践的丑小鸭中学，应该也能够开发出专门针对"问题孩子"的课程，这是丑小鸭中学许多欣赏者、关心者、支持者的期盼，这不应该是苛求。

第二，丑小鸭中学缺乏科学的制度体系。

不是没有，而是说不成体系。詹大年多次对我说："很多参观者都问我，学校有什么规章制度？我总是说，没有什么制度，丑小鸭中学也不需要那些所谓的'制度'。"我理解詹大年的意思，他是用全部生命在办学，好多在别人看来需要"规章制度"的事，在他这里却很简单，不过就是一句话的事儿。因此，无论教师队伍建设，还是学生集体的管理，丑小鸭中学的确没有什么制度，也拿不出什么条款。

我曾经多次参观丑小鸭中学的教室和学生宿舍，看到墙上贴的公约，发现不同寝室不同教室所贴的公约都不一样。詹大年说："这是学生们自己弄的，他们觉得这样好，就写上去了。"无论在老校区，还是新校区，我都没有看到一般学校有的"德育常规评比栏"，什么加几分减几分的。詹大年说："我不搞那些，只要把学生的主体意识唤醒了，他们的言行自然会符合文明规范的。"

詹大年认为，教育不只是科学，所以"科学的制度"到底科不科学是值得我们去思考的。一些"科学的制度"把人当机器管理了，也会影响人性本身的发展，这也是詹大年一直困惑的问题。所以，詹大年经常跟我说，丑小鸭中学办学的时间越长，困惑也越多，很多问题确实没有得到有效的解决。但是，也只有在发展中才能慢慢探索。所以，"保护生命"就成了丑小鸭中学的第一信条。

对此我持保留态度。因为真正科学的制度恰好更利于人的发展，能够更好地保护生命。

我也尽量从詹大年的角度想这个问题。因为丑小鸭中学太小，最多的时候，全校学生人数100人左右，平时也就五六十个，全校教职工24人，其中专任教师也就19人，所以那些烦琐的制度似乎没有必要，所谓"精细化管理"更派不上用场。凭着他经常说的"关系"，整个学校十年来管理得挺好。

所以，也许詹大年有一种不以为然的自信，制度不也是为管理服务的吗？既然丑小鸭中学目前挺好的，"人治"又怎样？——他没这样说，是我模拟他的口吻。

但学校无论大小，还是应该有着现代管理所需要的合理制度，这能保证学校运行于"法治"的轨道，而不是"人治"的窠臼。何况，作为一所必然会向前发展的学校，如果长期缺乏制度，必然埋下一些隐患。

当然，丑小鸭中学有一点做得很不错，那就是学生的自主管理，让学生去商议"公约"，慢慢形成规则，守护规则。

我突然想到十年前我写杜郎口中学。当年也有人质疑我，为什么要那么热情地写系列文章介绍杜郎口中学？十多年过去了，回头看我当年写杜郎口中学的文章，经受了时间的考验。但即使在我热情洋溢地为崔其升校长点赞而写的《保卫崔其升》这篇文章中，我也指出了杜郎口中学在管理上的问题，就是一切听命于人格高尚的崔其升校长。我说："崔其升是一个皇帝，但对杜郎口中学来说，他是一个好皇帝。但以后崔其升不当这个学校的校长了，怎么办？"

我这个问题，同样适合于丑小鸭中学，适合于詹大年。

除了课程的不足和制度的欠缺，我感到詹大年一些关于教育的金句，也不是无懈可击的。比如他说："问题孩子，不是孩子有问题，而是孩子遇到了问题。"从孩子的角度出发，充分理解孩子，这没问题，但一概否定孩子有问题，恐怕也不客观。所谓"孩子遇到了问题"，就有点文字游戏的味道。孩子遇到了什么问题？打架斗殴、厌学逃课、沉迷游戏、自残自伤、攻击他人（包括父母）……这是孩子遇上的问题，但也是孩子身上呈现出来的问题。怎么就不是"孩子的问题"呢？当然，我理解詹大年更愿意看到这些问题的原因，这些问题更多的是来自家庭，来自社会，来自学校……来自教育的不当，所以这些"问题"才集中到了孩子身上。詹大年说的意思是，说"问题孩子"有问题，是指问题的表象；说"问题孩子"没有问题，是指问题的根源与实质。但作为教育对象，我们看到的就是孩子身上的这些问题，我们面对的也是一个个具体孩子所表现出来的具体问题。正视孩子的问题，才能有效地转化。这和分析问题背后的原因，是不矛盾的。

类似这样精粹的句子的背后，都有詹大年亲历过的教育故事，或者说这些句子都是实践的提炼。他说问题不大，是省略了许多默认前提的，如果我们就字面的意思去理解，很可能要被误导。

丑小鸭中学为什么拒绝资本投入和个人捐赠？
——"教育，就是多给生命一条路"（8）

最近有不少真诚的教育者打算在其他地方办丑小鸭中学，对此，我不轻言赞同。

多办一所丑小鸭中学，就能多"挽救"一些"问题孩子"，表面上看，把丑小鸭中学的理念、课程、制度等具体做法推广到其他学校，是一件不太困难的事。

但教育真的这么简单吗？如果是，那宣传了那么久的杜郎口中学，还有北京十一学校，为什么至今全国还没有第二所真正的杜郎口中学和北京十一学校？

原因很简单，理念可以照搬，课程可以引进，制度可以套用，但崔其升和李希贵却无法"克隆"！

一切最终都取决于人，而不是其他。

和詹大年接触久了，我越来越发现，他本人的爱心、智慧、视野、胸襟……就是他的教育本身。其他的，包括他说的"关系"啊"兴趣"啊"规则"啊，都是其次，甚至微不足道。

试问，詹大年能够被广泛复制吗？

从这个意义上说，丑小鸭中学只能是唯一的，因为大年是唯一的。

但是，我们因此就可以否认丑小鸭中学的意义吗？

我想到了几年前，我在微信上将"非常自由"的成都先锋学校（正规的名称为"成都先锋学习社区")誉为"中国的夏山学校"。很快有人质疑:"这样的学校能够复制吗?如果不能复制,请问意义何在?"

我当时的回答是这样的:"先锋学校当然不能复制。任何有自己独特理念、做法和价值的学校都无法复制,凡是能够复制的'教育'恰恰不是教育。但先锋学校不能复制不等于它没有意义。先锋学校存在的意义在于:第一,它向我们展示了教育的另一种可能;第二,它为老百姓提供了另一种选择。"

这话同样适用于对丑小鸭中学存在的意义的评价。

不是有的孩子已经被校长、教师和他们的父母在教育上判了"死刑"吗?可是丑小鸭中学为什么能让他们中的许多(当然不是全部)"起死回生"?

当一些父母因孩子的沉沦堕落而绝望时,丑小鸭中学给了他们一线可能的希望,便把孩子送来了。大多数孩子在这里获得了积极成长,家长们也看到了孩子本来应有的生命状态。也许不是每一个家长都满意,但至少赵健翔、徐含笑、熊世文、刘正高、陆亚斌等一大批孩子的家长见证了丑小鸭中学的奇迹。先别说有没有100%的成功率,我说,哪怕

詹大年校长与学生交流

就是一小半的孩子回归了生命的正常状态，让他们的爸爸妈妈绽放出舒心的笑容，丑小鸭中学都无愧于被称为一所伟大的学校！

关于丑小鸭中学是否能够"复制"，詹大年的观点很有意思，他对我说："丑小鸭中学既不能复制，也不需要复制。为什么呢？因为我们做的都是一些常识，而尊重生命需求、尊重生命规律，这是人人都能做到的啊！每一个教育者都可以做到的，为什么要复制呢？所以我说，丑小鸭中学不是一个可以复制，也是一个不需要复制的学校，我所秉持和践行的不过是常识而已，没有任何新意。从办学的角度，人们都想复制；从教育的角度，根本就不需要复制。复制它干什么呢？"

我问："你觉得不能复制，可是你为什么又成立了一个丑小鸭中学联盟呢？"

他说："丑小鸭中学联盟不是为了复制丑小鸭中学，不是为了推广我们的所谓模式，而仅仅是传播理念，传播我们办学十年来所发现的教育常识，让更多的人知道这些常识，知道这些常识需要我们怎么去做，怎么对待孩子。当然也分享我们的成功与幸福。"

随着丑小鸭中学的知名度日益扩大，一些老板发现了"商机"，有人找大年谈"合作办学"，说投入几个亿，买地修建气派的校园，改善硬件设施，等等。

但詹大年却没同意。我觉得不可理解，资金充足了，不是更有利于丑小鸭中学的发展吗？但詹大年给我解释，他的底线是不跟任何资本、老板或财团合作办学。他说："我不愿被资本绑架。如果谁给我几个亿，我就欠了他几个亿，那我这后半生就不能办自己想办的教育了。比如，我的招生规模不超过120人，一般100人左右就可以了，因为只有人少，我才能叫得出每一个孩子的名字，和他们一起玩儿，但如果合作办学，老板想赚钱，必然要扩大招生规模，动辄上千人的招生规模，也许可以赚很多钱，但我这学校就完蛋了！就目前而言，我每年招50个孩子，学校就可以正常运转了，我赚那么多钱来干什么？"

詹大年不但拒绝和老板合作办学，还拒绝接受任何个人或机构的捐赠。我问他："个人捐赠你怎么也拒绝呢？又不是投资，是捐赠啊！"

他说："我担心个人捐赠会带有个人目的，有的捐赠者当时不会说他的个人目的，但我怕难以控制，以后很被动，给我的教育带来无法预测的负面后果。我也不想因为我接受了个人捐赠而被质疑，我没有时间与精力去应付这些乱七八糟的事。"

不过最近某著名杂志主编被詹大年的精神和行动所感动，主动找到他，说要给他推荐基金会。"这个我没答应也没拒绝，我得想想。毕竟这和老板投资不同，和个人捐赠也不一样。不过，我得看是什么基金会。再说吧！"詹大年对我说。

我要回成都了，詹大年送我去机场。他一边开车一边继续和我聊。他对我说："很多人都说我'改变''拯救'了多少多少孩子。我不同意这个说法。不能说这些孩子都是我改变的，是我拯救的，不，我没有改变谁，也没拯救谁，我没那么神，请别那么吹我！这些孩子的积极变化是多种因素造成的。但我给了他们一个合适的环境，帮助他们发现了自己，获得了信心。"

还是那个朴素的问题——为什么同样的孩子，在原来的学校是人人都头疼的"坏孩子"，可到了丑小鸭中学，却成了詹大年和老师们心疼的"好孩子"？

面对同一个孩子，"头疼"或"心疼"区别开了两种教师和两种教育。

江西定南县教育局局长李乐明参观了丑小鸭中学后写了一篇题为《"丑小鸭"的能耐》的文章，记录了他和孩子们的交流与他的感受。文章结尾，李局长写了这样一个场面——

> 在班主任论坛，老师们向"丑小鸭"的学生提问，然后是学生向老师提问。
>
> 一位很智慧、善表达的蔡姓学生提的问题是：你们老师觉得学生的发展可能是什么样的？做学生有什么条件？你们是如何看待成绩好与不好的学生的？提问后，他又说，这些问题老师可以不回答，之所以提出来，是让老师思考一下而已。
>
> 问题的深度超越了他的年龄长度，给老师们增加了大大的

难度。果真，现场老师们的回答虽然条理清楚，也不乏逻辑，但内容上是苍白的，效果上更差强人意。

学生没有评判老师的回答，他们专注地看着老师，眼神是那么清澈，让人忘记不了。

事隔几天了，蔡姓同学的话我都忘不了、抹不去：别人说我像问题孩子。其实，我只是孩子，与问题无关。

如果说蔡姓同学的话给人面子，那么，另一位孩子的话更戳学校、老师、家长的心，直截了当：环境对一个人的影响很大，我是在坏环境下变成"坏孩子"的，来到"丑小鸭"后就变成了好孩子，"丑小鸭"就有好环境。希望你们要营造好环境，不要让更多学生变成"坏孩子"。

最后一句话震撼着我的心："希望你们要营造好环境，不要让更多学生变成'坏孩子'。"

这不是教育本来应该解决的问题吗？只是这个问题由孩子而且是曾经的"坏孩子"提出来，不但更令教育者深思，也令我们有些羞愧。

2021 年 7 月 27—31 日

创造奇迹
——杜郎口中学见闻

初识崔其升

认识崔校长纯粹是一个意外。

那次我去郑州讲学,见到同被邀请讲学的杜郎口中学校长崔其升。当时主人请我吃饭,但说要等等崔校长下来一起吃。等了一会儿,我看到一位农民模样的中年人来了,走近后他茫然地看着大家,问:"哪位是李镇西老师?"

我马上伸出手去:"您是崔校长吧?"

我们紧紧握手,然后进了电梯。

松开手后,他说的第一句话是:"我是你的崇拜者,几年前就读过你的《民主与教育》,读了三遍,还写了心得。"

我知道他说的是真话,但我听来却只有讽刺:写出了二十多本书的李某人至今在学校管理上没有什么建树,而一本书都没有写的崔其升却创造了中国农村基础教育的奇迹。

饭桌上,我发现崔校长和我一样滴酒不沾,而且很不喜欢把时间花在酒桌上,我看他坐在座位上很无聊的样子,便跟他套起了近乎:"我们有许多共同不爱好呀!不抽烟不喝酒,也不喜欢吃这种饭!"他如同遇到知音,用浓重的山东口音对我说:"是呀是呀!不喜欢不喜欢!"可出于礼貌,他依然默默地坐在饭桌旁。我却没有他的修养,便对主人们说:"你们先吃吧,我和崔校长回房间了!"

在崔校长房间,我们聊了十来分钟,虽然是第一次见面,但彼此都没有任何客套，完全像老朋友一样，用崔校长的话来说，是"一见如故"。我向他提出，能否在合适的时候到我校来给老师们作报告，他不假思索地答应了，并主动说："我叫两个老师和我一起去，一个教语文，一个教数学，借用你们学校的学生现场上课！"

回到学校，我把这消息和老师们说了，大家都很高兴。英语组的老师提出，最好也能够来一位英语老师现场上课。我把这个建议给崔校长一说，他依旧很爽快："行！"

于是便有了这次崔校长和三位老师的成都武侯实验中学之行。

2007 年 11 月 16 日

正是他们创造了奇迹

山东杜郎口中学的崔其升校长和三位老师——语文老师徐立峰、数学老师徐利和英语老师张静来到了我校。

他们是中午到成都的，我和书记把他们接到镇上住下，刚吃完饭，他们便投入了工作：问教学进度，钻研教材，和学生接触交流……

他们一走进我校，便惊叹于我校的气派，因而不停地赞叹："好漂亮的校园！"以往我听到这些赞叹都有些自豪，但今天听来却隐隐不安。

一些细节很让我感慨。教英语的张老师看到教学楼上的一个个阳台，问："这是你们的教师宿舍吗？"我说不是，是我们的教室。她很惊讶："还有有阳台的教室呀！"他们连连感叹，从来没有见过这么漂亮的学校。崔校长和我一起下楼，指着脚下的楼梯台阶说："这地面多么光滑呀！"我不得不对他们说："惭愧呀！我们的教学硬件比你们好，却没有取得你们那么辉煌的成就；你们的硬件不如我们，却创造了奇迹！"

崔校长和三位老师都不是太善于言辞，不多的话语中透出一种淳朴厚道，还有发自内心的虚心。但下午第二节课，当三位老师分别和相关教研组老师交流时，我们却感到了他们的教育魅力，谈教育理念，谈学

杜郎口中学的老照片

校发展，谈学生成长，谈课堂教学……如数家珍，滔滔不绝。

下午第四节课，崔校长在阶梯教室给全校老师做了一场报告。生活中话语不多的崔校长，谈起他的学校和他的事业，一下变得雄辩起来。他的演讲把我们带到了他的学校，带进了他的事业，让我们感受着他和他的同事们一起走过的艰辛历程，当然，也分享着他们的成功。

天渐渐黑了下来，平时这时候老师们已经在回家路上了，但现在他们都被崔校长的魅力征服了。会场一直很安静。我相信，老师们正随崔校长的演讲而心潮起伏。

报告结束后，我说："听了崔校长的报告，我想起冰心的一首小诗：'成功的花，人们只惊慕她现时的明艳！然而当初她的芽儿，浸透了奋斗的泪泉，洒遍了牺牲的血雨。'我们现在都很羡慕杜郎口中学的惊人成就，听了崔校长的报告，我们知道他们所付出的努力更让我们惊叹。要学的太多，明天我们将看杜郎口中学的三节课，相信我们还会看到更多的精彩！"

我给老师们讲了关于"阳台"和"地面真光滑"的细节，说："也许有人会笑他们'土',但我要说,正是他们创造了奇迹!"

老师们把最热烈的掌声献给了他们!

晚饭本来说好是在镇上酒店为他们接风的,学校中层以上干部出席作陪。但崔校长执意要在学校食堂吃,我完全理解他的心情,因为我吃饭也喜欢越简单越好,很不喜欢把时间花在吃饭上。于是,我决定,就让他们在学校食堂吃份饭。崔校长高兴极了,紧紧握住我的手,说:"这样最好!还是李校长理解我!"

2007 年 11 月 16 日

目击杜郎口课堂

其实这三堂课都是在我校上的,但因为执教者都是杜郎口中学的老师,鲜明地体现了杜郎口风格,因此,我还是将其称为"杜郎口课堂"。

说到"杜郎口课堂",自然会想到杜郎口中学自主创新的"三三六"模式,即课堂自主学习的三特点:立体式、大容量、快节奏;自主学习三大模块:预习、展示、反馈;课堂展示的六环节:预习交流、明确目标、分组合作、展现提升、穿插巩固、达标测评。

那天上午第一节,杜郎口中学徐立峰老师给我们上语文课《我的叔叔于勒》。下面是我的课堂记录——

> 先是每一个组的同学上黑板去写自己所在组的口号——
> 第一组:To be No.1
> 第二组:尽自己的力,做完美自我!加油!
> 第三组:一切皆有可能!
> 第四组:积极 + 行动
> 第五组:努力拼搏,力争第一!
> 第六组:走自己的路,让别人说去吧!

老师宣布上课，请各小组站起来高呼自己所在小组的口号。

然后请同学们在昨天预习的基础上，分角色复述故事情节。学生很积极，都主动站起来发言，发言完之后，其他同学评价。学生发言也很积极，而且都按规则，不用举手，直接站起来就说。

复述结束后，老师请学生们根据预习中的问题，进行小组交流，然后请各小组代表自由发言，可以提出自己的问题，谈自己的理解，其他同学可以补充或反驳。

一女生问："'紫色的阴影'是不是指他们的心情？"

另一个同学说："不对，应该是烘托当时的气氛。"

老师说："分析课文最好有顺序，先从头开始，再一步步往下分析。"

一女生问："为什么文章一开头要写这么一句话，'每星期日，我们都要衣冠整齐地……'？"

另一同学解释，谈自己的看法，说得非常精彩。

一男生提出一个问题：主人公是谁？菲利普夫妇，还是于勒？

同学们围绕这个问题展开了争论，发言者争先恐后。

老师："谁是主人公不是最重要的，重要的是我们通过争论加深了对课文的理解。"

学生继续分析："'我看了一眼他那双手……'这里先是写了手，写了脸，我想问大家，这句话有没有什么特殊的作用？"

一女生站起来说："这烘托了心情吧！"

学生们讨论分析人物形象，很热烈。

一男生："我最讨厌'母亲'！请大家翻到……"

大家又开始讨论母亲的形象……

学生的发言非常踊跃，不止一次出现几个同学同时站起来的情况。

教师总结："还有许多同学们没能参与，还有许多环节没有完成，将这份无奈带到同学们以后的课堂中去吧！"

课后我的评论：这堂课如果就教师"讲"而言，似乎没有什么新意，但如果就学生"学"而言，则教师是真正把课堂交给了学生，鲜明地凸显了学生的主体地位，为学生的学习而教，这是非常值得赞赏的。换句话说，我们从这堂课中，重要的不是看出老师教了什么，而在于老师怎么教。当然，发言学生的面还相对窄了一些。（但面对不熟悉的老师和不熟悉的课堂教学模式，学生的表现已经相当不错了。）小组的作用没有充分发挥出来。预习是否花的时间太长？另外让学生讨论小说主人公是谁，意义不大。不过，如果是通过讨论主人公，而让学生逐步理解课文内容和人物形象，似乎也无可厚非。

第二节是数学课。

老师送大家两句话："心动不如行动，跃跃欲试不如亲自尝试！""我们是课堂的主人！"老师对学生说，做课堂的主人！不怕你说什么，而怕你什么都不说！等待机会，争取机会，创造机会！这堂课上成了同学们的学习交流课、学习成果展示课。

学生小组交流，老师来回巡视点拨。学生小组交流完毕，轮流派代表上台讲解题目，其他同学参与讨论，气氛很活跃。老师的评点非常精当。

第三节的英语课同样生动活泼，学生一直处在快乐之中，的确成了课堂的主人。

这三堂课，都不是无懈可击的，但都有一个鲜明的特点，那就是真正把学生推到了前台，尊重学生，让学生展示，在快乐中学习。我说这三堂课都是好课，有一个直观的标志，那就是在这三堂课中，学生们都很投入，都很专注！

2007 年 11 月 21 日

我们看到的只是冰山之一角

我听见的对杜郎口中学非议最多的，是他们搞的是"应试教育"。似乎如此。因为他们之所以能够声名鹊起，很大程度上，是因为他们的升学率由过去的倒数一二名成为现在的全县一二名。

但是，从杜郎口经验的视频资料上，我看到的是最素质的东西：孩子们的自信、他们出色的口头表达能力、他们的自学能力、他们的团队合作精神、他们对人的彬彬有礼、他们生活的简朴、他们高远的志向……

即使从他们在我校上的三堂课上，尽管是和学生第一次见面，可依然能够看出教师的追求：追求学生自信心的增强、学习兴趣的激发、思维能力的提高、团结合作精神的培养，追求学生全面素质的提高。

一句话，他们搞的是真正的素质教育！

显赫的升学成绩只是他们素质教育成功的标志之一，或者说只是他们教育成果中最容易引人注目的一种。

他们的课堂结构模式无疑是最让人感到具有颠覆性的：三面黑板、六个小组、课堂秩序很"乱"、教师几乎不讲、学生人人参与……

这给人（包括我）一种错觉，他们正是因为课堂结构的改变，才创造了教学成绩（当然主要体现于升学成绩）的辉煌！

于是，一些人开始简单地学习他们的课堂结构，也把学生分为几个大组，也把教师用的黑板取消了，也限制教师讲授的时间，也让学生熙熙攘攘地上课……

但是，至少在我的视野中，还没有出现第二个杜郎口，就像前几年那么多人学洋思，却至今没有出现第二个洋思一样。

原因何在？是杜郎口或洋思"不可学""不可复制"吗？

有人正是这样想的，总以"个性""特殊性"来看待别人的经验，于是最后的结果是什么都不学。

我认为，杜郎口是可学的，关键是我们不能仅仅是学其课堂结构的改变。

那天上完三节课后，我们和杜郎口中学的三位老师进行对话交流。我提了一个问题，表达了我很久以来的疑问（我相信这个疑问也是很多人的疑问）："在你们的课堂上，老师的确讲得很少很少，那么课后你们是不是还花了大量的时间补课呢？因为不可能每个学生都能够仅仅靠课堂就掌握了全部应该掌握的知识，换句话说，你们的学生课堂上很活跃，但课后的负担是不是很重？"

我总是怀疑他们在"10+35"的课堂模式后面，还有一些不便对人公开说的秘密，比如利用晚自习补课呀，比如给后进生开小灶呀，等等。

徐立峰老师的回答是："这个问题很多人都问过。我们的课堂上主要是学生展示，但我们非常注重预习，预习往往要花一节课到两节课的时间，另外，我们没有课外作业，因为我们的学生都住校，在晚自习内就能解决作业问题。我们星期六星期天都不补课的。是的，不可能每个学生都能够在同一时间内达到同等的水平，你说的这个问题实际上是如何对待'待转化生'的问题——我们不把差生叫差生，而叫'待转化生'。对于这一点，我们有四个关键词：信心、兴趣、习惯、方法。我们从这四个方面去着力。在我们学校，有一个原则，那就是'从最后一名抓起'，一个班处于最后三分之一名次的学生成绩将占教学评价的80%的权重，这就决定了我们学校的老师都来抓待'转化生'。因此现在我们可以说，在我们学校，没有差生！"

还有老师问了一个问题："你们学校的老师是不是负担很重？他们是不是很累？"

徐利老师回答："投入教育，肯定很辛苦。但这个辛苦是别人认为的。对杜郎口中学的老师来说，心甘情愿做自己愿意做的事，不会觉得累。一个人最累的是心累，只要心不累，就不可能真正累。在我们学校，感到累的老师，都是因为工作没有做好，才觉得累，因为觉得丢人呀！"

我们还有老师问："如果课堂上学生不积极参与讨论、不发言怎么办？""如果学生当天的单词背不下来怎么办？""如果学生就是不想学怎么办？"

杜郎口的老师感到这些问题都不是问题，笑了笑，正准备回答，我抢先说话了："请让我代为回答，我听了刚才杜郎口几位老师的回答，我可以这样认为，在杜郎口中学，这样的学生不可能存在！我们这些问题，都是武侯实验中学式的思维，是仅仅就课堂而言，但杜郎口的改革，绝不仅仅是课堂。如果做到了上面他们所说的那些，怎么还可能有什么不愿参与讨论和发言的同学呢？怎么还可能有不想学的学生呢？"

徐立峰老师很自豪地说："在我们学校，几乎没有在课堂上不想听课的学生！曾经有教育专家不相信，到我们学校来暗访，到每一个教室寻找不听课的学生，结果一个都没有找到。"

我们往往只看到人家最显赫的地方，而忽视了这显赫背后所付出的东西。杜郎口的改革是一个系统，而课堂结构的改革，只是其中一个环节。我们只学这个环节，而无视支撑这个环节的因素，那永远不可能真正把他们的精髓学到手。

所以，那天我对老师们说："我们从课堂上看到的，只是杜郎口经验的冰山之一角！我们要关注的，不仅是他们的课堂结构，还要关注课堂背后都是什么东西在支撑着。"

2007 年 11 月 22 日

杜郎口中学是素质教育的典范之一

到现在，还有不少人质疑杜郎口中学，说它不过是"应试教育"的典型，理由是："支撑他们名声的不就是显赫的中考成绩吗？"还说什么他们的学生没有文化积淀，没有人文视野，只是中考成绩突出而已。

最近我亲自去了一趟杜郎口中学，对他们究竟是在搞"应试教育"还是"素质教育"，有了比较切身的体会。

那天我对一个朋友说："中考成绩好怎么就成了搞'应试教育'？难道非要把成绩弄得不好，才叫'素质教育'？"

在一些人眼里，什么叫"素质教育"呢？就是学生会蹦蹦跳跳，会吹拉弹唱，会在各种竞赛中获得名次。曾有一个校长很得意地对我说："我们学校现在素质教育搞得红红火火，我们学校每一个学生都会拉二胡！"我也看过太多这样的素质教育现场展示，无非就是几堂精彩和精致的公开课，一台琳琅满目的文艺演出，一间展板林立、琳琅满目的成果陈列室……而为了准备这样的"成果展示"，学校师生花了大量时间和精力。

这些东西，在杜郎口中学是看不见的。

他们的孩子不会钢琴小提琴，不会国画油画，也没有能力组织一场文艺演出，我也没有看到他们的各种展板。可是我要说，他们的确是在搞素质教育！

应该承认，素质教育当然包括了学生的人文视野，包括了学生的艺体素养。一个既能考高分，又通过钢琴九级并且博览群书的学生，肯定比只会考高分的学生的素质要高，这是毫无疑问的。同样，一个学校如果有过硬的教学质量（当然主要体现于绝大多数学生的升学成绩），同时又能够拿出一台色彩缤纷的文艺表演或国学经典吟诵的展示，当然也是素质教育。

问题是，我们在评价一个孩子或一所学校时，恐怕不能够这样公式化地简单贴上"应试教育"或"素质教育"的标签。

更何况，判断一个人素质的高低，哪里是"分数加特长"这么简单呢？

杜郎口中学无疑有着惊人的升学成绩，但我说杜郎口搞的也是素质教育绝不仅是因为其升学率，而是还有一些让我感动和感慨的东西。

说几个我看到的细节——

早晨七点过，天刚亮，已经吃了饭的孩子蹲在教室前的空地上，他们的身后是积雪，他们冻得通红的小手握着粉笔在地上写着英语单词或古诗词，没有人强迫他们，完全是自觉的。这种学习自觉性，难道不是素质？

上午八点刚过，快上第一节课了，可全校老师还在教学楼过道上站着开会，我一看时间，上课时间不是到了吗？老师都不去教室，学生不

孩子们蹲在教室前的空地上写字

乱套吗？于是我悄悄离开教师们，来到一间间教室外，看到每一个班的孩子都在学习。这样的自律精神和行为，难道不是素质？

我看了几堂课——之所以不说"听课"而说"看课"，是因为杜郎口中学的课，只能看而无法听。学生们争先恐后地积极参与，没有任何老师抽任何学生，可每个学生都那么主动，毫不胆怯。这种自信，这种乐观，难道不是素质？

每一个学生在小黑板前讲述的时候，落落大方，声音洪亮，口齿清楚，思维清晰，还拿着小教鞭比比画画，哪像没有见过世面的农村孩子？俨然就是小老师！这样优秀的口才，难道不是素质？

课堂上，小组讨论是每节课必需的环节，我注意到，学生们你一言我一语，十分投入，遇到困难了，大家一起想办法解决，或某一个同学拿出工具书，几个同学的小脑袋便碰到一起研究，没有互相埋怨，只有互相欣赏。这种合作精神，这种尊重意识，这种平等观念，难道不是素质？

教室外面的墙壁上全是黑板，都是学生们展示学科知识的地方。一下课，我便看到一个矮个子男孩拿着抹布在吃力地擦着，过了一会儿，另一个高个子男孩子过来说："我来擦吧！"矮个子男孩子继续擦着，头也不抬地说："你去玩吧，我擦就行了！"可高个子男孩依然和他争："还是我擦吧！"这普通而温馨的一幕感动了我：这种关心集体，热爱劳动，主动奉献，关心同学，难道不是素质？

吃午饭了，我看到学生们的菜非常简单，后来听说学生们每周的生活费仅仅五元钱！可是，我从孩子们脸上看不到苦难的表情，看到的只有乐观的笑容。这种吃苦耐劳，坚韧不拔，难道不是素质？

……

素质教育的精髓是什么？对此可能有很多种答案。但是至少这个说法可能是大家都没有分歧的，那就是：学会做人，学会学习！

杜郎口中学的孩子当然学会了做人，他们纯朴、善良、勤奋、坚韧、乐观、自信，这些都是做人最基本的素质。他们当然也学会了学习，可以这样说，他们每一个人（而不是个别尖子生）在每一堂课上展示的学

杜郎口中学的课堂

习能力，在中国所有的学生中，绝对是一流的！

　　培养出了这样既会做人又会学习的孩子的杜郎口中学，搞的怎么不是素质教育呢？

　　不知从什么时候开始，有人有意无意地将素质教育与应试能力和成绩对立起来。别人升学成绩优异，便是应试教育；自己升学成绩不行，便是素质教育。说轻点，这叫"自我安慰"；说重点，这叫"自欺欺人"！

　　我认为，完整的教育，既要为学生的一生着想，也要为在很大程度上决定他们命运（至少在现行社会背景下）的几天（中考或高考）服务。没有前者，是鼠目寸光的教育；缺了后者，恐怕也不能说是对孩子负责的教育。如果学生不能升入高一级学校，他以后的生存能力很可能会受到影响，如此，谈何幸福的一生？

　　我在杜郎口中学一间教室的一块黑板上看到孩子们用稚嫩的笔写下这样激励自己的话："苦不苦？想想父母背朝青天面朝土！累不累？想想父母走南闯北谁遭罪？"看了这样的话，我不由得想到，这些孩子主要

教室外黑板上写有激励的话语

是靠升学来赢得自己的美好前途，作为他们的老师居然不抓他们的升学而抽象地抓"素质"，那才是不可思议的怪事！写到这里，我想请读者允许我激愤地说一句：面对这样的孩子，如果我们无视他们的生存需求，而不抓升学率，请问教育者的良知何在？

是的，比起城里的孩子，杜郎口中学的学生可能没有"宽阔的人文视野"，没有那么丰富的课外阅读，也没有太多的文体活动，但这能怪他们吗？我请责怪他们没有课外阅读、没有文体生活的人到杜郎口去看看，这里的老师和孩子是怎样一种工作环境和生活条件。这所学校长期没有音乐美术老师——那么偏远的学校，很少能够分配去一名艺术老师；学校图书室长期没有什么藏书，你要求他们"诗意地栖息在大地上"，这不是太"站着说话不腰疼"了吗？

杜郎口中学的孩子现在没有开阔的人文视野，这不是杜郎口中学的错，这是整个中国农村教育的现状！

凡是到过杜郎口中学的人，都会被所有孩子（而不是几个选出来被展示的学生）感动，他们富有爱心，充满自信，喜欢思考，善于合作，乐于展示。这样的孩子，绝对是高素质的人！

所以，我说杜郎口中学是素质教育的典范之一！（注意，是"之一"不是"唯一"）

当然，杜郎口中学不是十全十美的。限于客观条件，杜郎口中学的课外阅读现在是比较贫乏的，虽然这怪不得杜郎口的老师们，但我相信，随着办学条件的日益改善，杜郎口中学成为书香校园将不是遥远的事。

曾有一个朋友对我说："一个学校仅仅靠升学率成了所谓'素质教育'的'名校'，这是教育的不幸！"我当即便回答他："一个靠拼搏而创造了包括升学率在内的教育奇迹的农村学校，如果得不到善待反而被贬斥，这是教育的悲哀！"

2008 年 1 月 21 日

善待杜郎口课堂

对杜郎口中学的课堂模式，至今人们还有不同的看法，甚至还有比较激烈的争论。但我一直欣赏杜郎口中学的课堂改革，并坚定不移地为它辩护。

我当然并不认为杜郎口中学的课堂形式具有"放之四海而皆准"的"普适性"——具有这样"普适性"的形式永远不可能有，因此，当我听到某知名校长在一次全国教育论坛上斩钉截铁地说："现在中国所有的课堂改革都是学我们学校的，我们学校的经验任何学校都适用！"我一笑了之。

但是，如果我们的教师专业水平不太理想，同时我们的学生整体素质太不理想，而我们又想让教师的专业水平和学生的整体素质都得以提高，那么，借鉴杜郎口中学的课堂模式应该是一个不错的选择之一（注意是"之一"）。这话也可以反过来说，如果教师人人都学识渊博、技艺精湛，学生个个都聪明绝顶、能力超强，那完全不用学杜郎口中学——这样的老师，这样的学生，怎么上课都行，教学质量肯定都非常棒！

问题是，我们相当多的学校不是这样，我们面临杜郎口中学当初面临的问题：教师厌教，学生厌课，课堂沉闷，质量低下。而我们希望学生学好，盼望学校翻身，更渴望自己的教育职业能够充满快乐。怎么办？那就学杜郎口呗！

杜郎口中学成功的秘诀在于，他们选择了最可能也最容易改变的因素——课堂教学方式。通常情况下，我们无法改变统编教材，无法改变考试制度，也无法短时期内改变教师的素质，更不可能改变生源状况，剩下的就只有课堂教学方式了——这是我们唯一能够改变的。杜郎口中学正是从这里入手，开始了轰轰烈烈而扎扎实实的改革！

他们改变教学方式，又不仅仅是在更加"生动""直观"之类的教师个人技巧上做文章，而是从砸掉讲台开始，限制教师多讲，鼓励学生多说，把传统课堂中的"教师中心"完全颠覆了，课堂流程由教师教的过程转化成了学生学的过程。或者说，教师由过去着眼于自己怎么讲得精彩转变为现在着眼于学生怎么学得有效。于是，学习成了"生命的狂欢"，教室成了"知识的超市"。奇迹出现了！

所谓"三三六"之类，是专家们的提炼，而杜郎口中学的老师们最初的想法没那么"深刻""复杂"，他们无非就是遵循常识而已。让学生学会学习，并不停地讲，教学质量自然提升。最好的学习，就是给别人讲，这是个常识。这个常识很深刻，也很朴素。多年来我们把这个常识给忘记了，不停地给学生讲，却不让学生讲。于是，知识在我们教师头脑里记得越来越深刻，学生却什么都没记住。杜郎口中学的老师们相信了这个常识，并利用了这个常识，让学生在课堂上不停地给别人讲，成绩自然就提升了。就这么简单。

杜郎口中学是从改变教学方式开始的，但是他们最后改变的绝不仅仅是教学方式，由此带来的是教育（不只是"教学"）观念的变化、师生

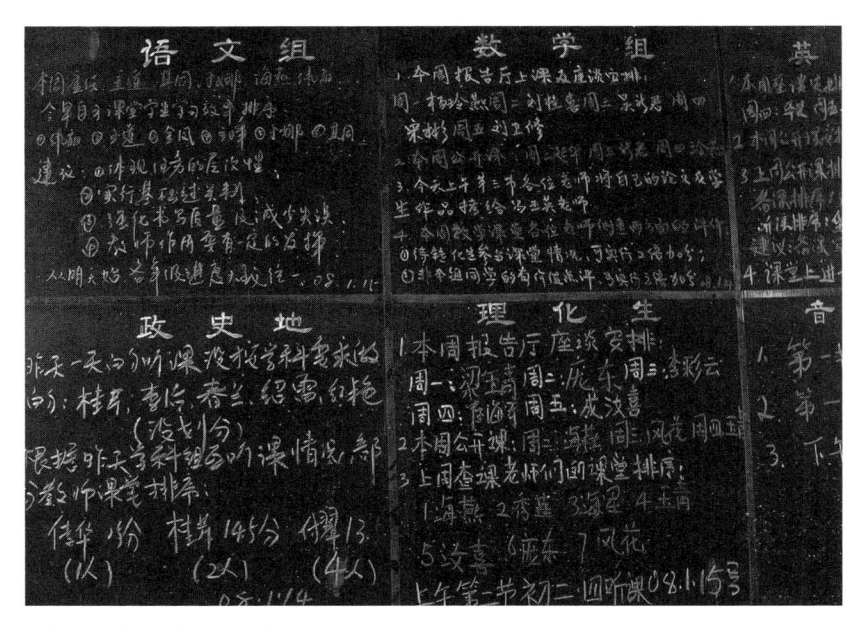

杜郎口中学教师的教学安排

关系的变化以及师生素质的变化。在学生主体的教育观念下，在师生互动的教学模式中，学生综合素质全面提高，教师专业水平全面提升。师生共同成长在杜郎口中学成为现实。人们只看到杜郎口中学令人惊叹的教学质量，而我更欣赏的是，在这样的课堂上，孩子们收获的是"最素质"的东西：孩子们的自信，他们出色的口头表达能力，他们的自学能力，他们的团队合作精神，他们对人的彬彬有礼，他们生活的简朴，他们高远的志向……同时，教师也成长起来了——现在杜郎口中学的不少教师已经成为全国各地争相邀请讲学并示范上课的专家，而这在过去，是不可思议的。

我多次去杜郎口，我对它的所有评论都是有依据的，包括有些不实传闻，经过我的调查核实，也证明至少是误解。说实在的，每次去杜郎口，所见所闻带给我的首先不是什么"思考""启发""观念"，而是两个字："感动！"一群朴实无华甚至看起来木讷的老师——他们的形象更像耕种的农民，却创造了教育的奇迹，而且是真教育！这不能不让我感动。如果从理论出发，我们很容易说出他们这样或那样的问题；客观地分析他们的每一个具体做法，我们的确可以指出其这样或那样的不足，但面对这样一群长期扎根在田野的泥腿子教师，我唯有肃然起敬。我实在不忍苛求他们的专业水平如何如何"让人不敢恭维"（某专家的评论），须知在城里豪华学校（包括所谓的"名校"）里，许多学富五车的"高素质"教师却没能创造出杜郎口中学那样的业绩。

我每次在博客上对杜郎口中学予以好评，都会招来一些谩骂与诽谤。我想，杜郎口中学的课堂模式当然是可以质疑的，但谩骂与诽谤则不应该。记得学者谢泳在谈到民主的时候说过大概这样的话，民主不是没有缺点，但在缺乏民主的时候，不宜多说民主的缺点，而应该多说说民主的优点，这样有助于民主理念的普及。同样，杜郎口模式并非"绝对真理"，更不是某些人说的什么"开创了课堂改革的新纪元"。我几年前就说过，教育上千万不要再搞什么"农业学大寨"那样的运动了，没有哪个学校的经验敢说是绝对的"样板"。但就目前来说，我认为还是应该多说说杜郎口的好处。研究杜郎口，完善杜郎口，超越杜郎口，才是科学的态度。从来就没有，也永远不可能有什么永恒的经验，各领风骚三五年，是科学发展的常态。杜郎口中学也是如此。若干年后被超越，甚至被人遗忘，这很正常。但是就目前来说，杜郎口中学至少作为教育百花园中的一朵独特而绚丽的花儿，应该受到我们的善待和宽容。

2010 年 6 月 10 日

"有一种水，能让你喝醉……"
——再访杜郎口之一

2010 年 6 月 21 日，我再次来到杜郎口。

如果说上次我主要是来学习的，那么，这次则主要是来研究的。最近因为我不断在博客上发文谈杜郎口，所以引起了一些争议，听到一些不同的声音："杜郎口没有人性"呀，"杜郎口的学生只是在接受应试教育"呀，"杜郎口的课堂是演戏"呀，"白天学生展示，晚上老师加班加点"……带着这些疑惑，我想更加深入地观察和研究杜郎口中学。

我是下午四点钟左右到的学校。自然看到了以前看到的景象，就是参观者很多。崔其升校长本来在外地，听说我来了，匆匆赶来。他还是像老农民一般朴实，握住我的手直说："对不起，我迟到了！"

刚寒暄几句，崔校长便陪同我们出去转。我已经两年没来了，但转了几间教室，看到孩子们依然精神勃发，积极参与。

在校园里，我明显地感觉到学校有了许多变化。比如，原来的泥土操场，现在已经修成四百米的标准塑胶跑道了，跑道中间的操场也是绿色的，好像也是塑胶铺成的，可又有些不像。我穿过跑道，走到操场的中间，这才发现，原来还是水泥的，只是涂了一层绿色油漆。我恍然大悟，开玩笑地说："原来是假塑胶呀！"崔校长嘿嘿笑了："没那么多钱，节约成本嘛！"

这时第三节课下课了，我看到孩子们纷纷往操场跑。原来他们今天要训练健美操。张代英副校长告诉我，每天下午第四节课都是课外活动，孩子们根据自己的兴趣，可以参加美术小组，可以参加音乐小组，可以参加舞蹈小组，等等。今天是统一训练健美操。我问为什么要统一训练健美操，她说，孩子们每天做一样的课间操比较枯燥，于是学校便教孩子们做几套不同的体操，这样每周都换着做，增加孩子们的兴趣。虽然下午已经上了三节课，但我看到孩子们依然精神抖擞，在广播音乐的伴奏下，一丝不苟地训练着，橘黄色的校服在阳光下特别耀眼。

学生在操场上练操

我想到上次看到孩子们都是没有穿统一校服的，便问崔校长学生是什么时候开始穿校服的，他说是去年开始的。我正想问这不增加孩子们的家庭负担吗，崔校长好像知道我要问这个问题，便说："孩子们的校服都是学校赠送的，一分钱不收！""钱从哪里来？"我问。崔校长说："我们不是收了前来参观的老师的费用吗？这些费用中的一部分便用来买学生和老师的校服。"哦，原来如此。"那你们收的这笔钱，都不上交而由学校支配吗？"我又问。"那不是！都得上交。然后如果我们要用，再打报告申请。"

我想到杜郎口中学最遭诟病的就是收参观费："商业气息浓厚！""都成旅游景点了！"……但是他们不知道这些钱的用途。崔校长特意带我去参观他们新建的食堂。这座去年九月才投入使用的食堂分两层，一楼是学生餐厅，可以同时容纳全校学生就餐；二楼是外来参观教师的餐厅，也可以让七百名教师同时就餐。教师餐厅俨然人民大会堂的宴会厅，桌椅都是枣红色的实木特制的。崔校长说："原来没有这间餐厅，来参观的老师都是在旧食堂和学生一起吃便餐。现在条件好了！"我又问修这食堂花了多少钱，崔校长说："四百万。全是从学校收的参观费里开支的。"也就是说，实际上教育局根本没有也不可能投一分钱来修这么漂亮的食堂。

我想到两年前来，这里的学生生活很艰苦，一周的生活费仅仅五元钱，现在怎样呢？我问崔校长。崔校长说："现在学生的伙食可好啦！而且学生吃饭全免费，也是从学校收的参观费里支出的。"

我们从新食堂出来，来到旧食堂，这里的旧餐桌还没有撤，餐桌前坐着一些学生在看书。原来这里已经改为阅览室了！我心里感叹崔校长真是精打细算，"旧物"利用。阅览室里只有一排书柜，显然藏书不多，但孩子们看得很认真。我注意到一个中年妇女也在那里看书，崔校长好像也不认识，走过去问她是不是来参观的老师。她说她的孩子在这里读书，她是本校学生的家长，来自内蒙古。她说着就站了起来，崔校长很热情地让她坐下继续看。趁崔校长在给何书记介绍情况的时候，我走到那位家长的身边，她当时正在还书，大概准备走了。我对她说："可以和你聊几句吗？"她微笑着点头。

我问："你来自内蒙古哪里呢？"

"呼伦贝尔。"她说。

"哦，很美丽的地方呀，我去过的。你怎么想到把孩子送到离家乡这么远的地方呢？"我继续问。

她说："我有亲戚在山东，听说这学校不错，便把孩子送来了。"

"孩子现在读几年级？感觉怎样？"

"初一。孩子很喜欢这里，说这里很好。而且，孩子来这里读书之后变化很大，以前孩子不爱学习，现在爱学习了，特别是自信心增加了。他说这里的老师对学生特别好。"说到孩子的学习，她的话突然多了起来。

"可是，听说这里学生的负担很重。"我问。

她说："我不觉得，学校没收多少钱呀！像我们外地到这里来读书的，一年就两千块钱。"

我笑了："我不是说经济负担，我是说孩子的课业负担。"

她说："那更不重了，孩子说这里上课很轻松很有趣，作业也不多，大多在课堂上完成。晚自习就把所有作业完成了。"

"孩子晚上睡得晚吗？"

"晚自习八点五十结束，之后就回寝室，九点半一过就关灯休息了。"

学生在自习

看来这位家长对孩子在这里的学习、生活还是很满意的。

我们在学校转到快七点，本来肚子已经饿了，但我还想看看学生的晚自习，便又来到教学楼。孩子们六点五十开始晚自习。我们从每一间教室经过，时不时走进去看看。有的教室里孩子们安安静静地自习，有的教室里如白天一样"喧闹"，孩子们还在展示呢！在教室外面时不时会看到一群学生在黑板上写题做题，也有老师给他们辅导。我本来很想看学生晚自习是如何预习的，但好像都没有预习，一问学生才知道，再过几天就要期末考试了，各科的新课都上完了，目前正在期末复习呢！我的感觉是，杜郎口的晚自习，的确主要是学生自习，即使孩子们展示，也是围绕复习内容在互相教，也就是互相辅导；也有老师个别辅导的，但我没有看到一间教室里是老师对所有学生讲课的。

从下午老师们陪学生练健美操，到晚自习时老师们对孩子的个别辅导，我没有从他们的脸上看出疲倦，相反我看到的是他们对孩子亲切的笑容和一种自豪与自信。我突然想到外面传说的"杜郎口的老师很压抑"，心里觉得好笑。我还想到有人说杜郎口"白天让学生展示，晚上加班加点讲课""学生每天的学习时间过长"，这些说法更可笑。可以这样说，杜郎口中学在这方面想作假都不可能，因为这里每天都住着外地老师，从早到晚都有熙熙攘攘的老师参观（而不仅仅是白天），每一个老师都是一部监控摄像机，杜郎口中学几乎是透明的了，哪有机会"作弊"啊？

在晚自习的教室里，有几个细节，让我再次感到杜郎口中学孩子们的素质显然并不仅仅是做题和应试——

许多教室的黑板上，都有"报到站"三个字，下面是许多孩子的名字。这怎么回事？一打听，原来是这样的，凡是认为自己在学习上对某项知识弄懂了的，便自动到"报到站"报名，意味着自己可以做小老师了，然后便帮助其他同学。这种自信，这种乐于甚至"急于"帮助同学的心态，难道不是城里许多所谓"优生"恰恰不具备的素质吗？

在一间教室后面的墙上，贴着一个学生的作文，内容是感恩——

有一种水，能让你喝醉，这种水叫母爱，因为母爱似水；有一种山，能让你坚韧，这座山叫父爱，因为父爱如山……

接下来，作文写道作者小学五年级得了阑尾炎，爸爸不敢告诉女儿，怕女儿承受不了，在女儿面前若无其事地安慰女儿"没什么"，但背后却躲在洗手间痛哭……

这篇文字朴实、感情真挚的作文打动了我。在许多孩子自私自利的今天，这种情怀难道不是一种素质？

在另一间教室侧面的黑板上方，一行长长的字再次震撼了我的心。孩子们用工整的字写道："面对麦收中忙碌的父母，面对他们那期待的眼神，在课堂中我们应该以一种什么样的状态去学习？积极主动，忘我投入，是献给他们最好的礼物！"

看到这里，我的眼睛湿润了：这种懂事，这种体贴，难道不是一些城里名校孩子所不具备的最可贵的素质？

我想到一些人对杜郎口的误解，感慨道：这些误解者中，有多少人真正来过杜郎口中学啊！

当然，社会上一些对杜郎口的误解或者逆反，也与媒体宣传时的一些极端化语言有关。所以我对一位媒体朋友说，对杜郎口宣传一定要尽可能客观，不可夸张，否则是害了杜郎口中学。

赞美也好，误解也好，诽谤也好，都和崔其升无关。崔其升从来不往心里记。他有自己的事业，面对自己所热爱的学校，自己所钟情的教育，他胸襟豁达，心态平和，举止从容，他有自己的追求和幸福。有一个名校长曾在某全国论坛公开骂说杜郎口是"骗子学校"，崔校长知道后淡淡一笑，说："这位校长的学校做得比我们好，他对中国基础教育的贡献远远比杜郎口中学大，影响也远远超过我，我也是学习他才走到今天的。他是我的长辈，我前几天还在学校大会上要我们的老师向他学习！"

他是一个很单纯的人，甚至很纯粹的人，因为这"纯粹"，他有时候很"傻"，而这"傻"给我们带来了许多欢乐。比如，在昨晚吃饭的时候，谈到我后天将去昌乐二中的安排，山东文艺出版社的领导说派车送我，崔校长却坚持要自己送，并对那位领导说："你这是对我的侮辱！"

说这话的时候，餐厅的电视里正播放世界杯葡萄牙队对朝鲜队，荧屏上的激战让我们连连喝彩，崔校长也和我们一起傻笑。突然，他侧身转过来对着我，满脸认真地问："哎，大哥，这次中国队怎么没参加呢？"

大家又是一阵爆笑，"店内外充满了快活的空气"。

灵魂深处的声音
　　——再访杜郎口之二

早晨八点来到学校，听说崔校长已经在一个小时以前召集领导和班主任开过会了——因为昨天他在球场边的墙上发现了一个脚印。他说任何事都是品位，如果有人看到不好的事，却没感到不好，这才是最可怕的事。崔校长就是这样，善于也敏锐地利用各种小事及时对老师们进行引导。他特别说，可怕的不是出现不好的现象，而是大家看见了却没有感觉到不好。

上课了，我随便走进一间教室听课。这是一节思想品德课。内容是通过学习培养人的高雅情趣。一个女生正大大方方地在讲自己的爱好。对这种场面以及场面中学生的自信我已经很熟悉了。这个同学正说自己喜欢"赡养小动物"，她说完后，其他同学正要站起来说，老师问："刚才你说你喜欢赡养小动物，同学们知道'赡养'两个字怎么写吗？"

于是，呼啦啦上去一群学生写了起来，当然有对有错，老师表扬了写正确的同学，然后又问："'赡养'这个词可以用来说小动物吗？一般来说，这个词使用的对象是谁呀？"

多数学生说："赡养老人。"

老师肯定道："对的，我们不说赡养动物，那么如果是动物怎么说呢？"

"饲养！"

"如果是对孩子呢？"

"抚养！"

"如果是老师对学生呢？"

"培养！"

老师让同学们把这几个同义词一一写在黑板上。教室里又"乱"了起来。

然后老师引导同学们讨论"玩"和"迷"的区别，其中有同学们谈到"酗酒"，说"酗酒"不仅仅是长时间喝酒而且还喝得过量。

下课的时候，老师布置作业："请同学们运用今天所学的知识设计问题考考其他同学。"

第二节课，我又来到一间教室，师生正在学习王安石的《伤仲永》。我来迟了几分钟，黑板上已经写上了学生们展示的内容。

一个男生首先站起来背诵，声音洪亮，而且表情丰富。他背完之后，一女生给他纠正了一个错字，然后也背诵了起来。然后又一女生上去翻译，翻译之后又一女生详细讲解字词。学生抢着展示，整个教室里充满一种活泼热烈的气氛。往往是一个学生发言完了，便总有其他学生纠正其错误的地方。学生们发言的覆盖面很广，基本上都涉及本课的学习重点和难点。

老师当然也没闲着，当一个学生翻译"利其然"的时候，老师问："这是什么用法？"

学生答："意动用法。"

老师说："意动？嗯，那类似的意动用法在课文中还有哪些？"有同学说："父异焉。"

接着有同学起来分析课文的写法，比如一个女生说，"世隶耕"是对仲永天资的衬托。

同学们还围绕老师所提"'父利其然'的原因是什么"进行激烈的讨论，老师又问："你认为父亲做得对吗？"

多数学生都说不对，但有同学认为这是对的，因为父亲为了摆脱贫困，这是可以理解的。于是，其他同学纷纷发言表示不同意这个观点。

作为一个旁观者，我已经不在乎学生谁是谁非，而是赞赏学生这种积极参与、忘我投入的精神面貌。每一个孩子都那么自信，那么可爱，而且声音都是那么响亮——这是一种灵魂深处的声音。

课后，我和孙玉生老师聊了一会儿。孙老师是负责质检工作的。他说，质检重在静态的结果，验评重在动态的课堂。如果验评不过关，就不质检了，直接打零分。

化学课课堂，学生的预习展示

我问："课堂上并不是所有学生都有机会发言的，这怎么办呢？"他说："我们特别注重'弱势群体'的展示，如果我们发现近期发言不好的学生，就专门叫他们到另外的办公室，重新叫他们演说，以此结果对老师们进行评定。这样老师们就非常重视对每一个学生展示演说能力的训练了。"

他说："我去听课，我的课堂评价着重看老师的课堂引导，看学生是否主动、生动、快乐、有效。"

谈到杜郎口中学课堂改革的历程，他说最初大多数老师不支持，主要是担心成绩。于是学校采取的策略是：思想引领，榜样带动，强势推进（比如强行规定讲课模式为"10+35"），跟踪评价。

我又问："从大多数老师不支持到全民共识花了多长时间？"

孙老师说："改革从1997年崔校长来了之后起步，但最初几年力度不够，主要是慢慢摸索和统一认识，真正大规模改是从2001年开始的。"

谈到"小组合作"，孙老师说了三句话："任务具体化，单位缩小化，效益最大化。"他强调："教学任务一定要落实到最基层，要分到两个人才真正有效。是'互助'不是'帮扶'，因为他们是平等的。"

我又有疑问了："两个人的成绩是相当的吗？"

他说："那当然，如果悬殊就不可能合作。"

我问："两人小组如果不能解决怎么办？"

他说："就交给四个人解决。不是六个人一组吗？"

我特别赞赏杜郎口中学近乎"不尊重老师尊严"的"反思文化"，我问是不是一开始老师们就接受这种方式。

孙老师说："这种反思形式是从2001年开始的。刚开始谁也不愿意，但老师中随大流的多。崔校长先从领导开刀，领导先公开自己的弱点，把自己工作中的不足写出来，贴出来。对犯了错误的干部，事先打招呼，再在会上公开批评。这样，慢慢地老师们也就认可并接受了。"

外界很多人都说杜郎口教师的"业务素质低下"，如果仅就专业水平而言，这个说法不无依据。据我所知，直到现在杜郎口中学的教师中仅有一人是本科学历，其他均为专科或中师，但杜郎口中学很重视教师的学习。孙老师说："我们为了提升教师的业务素质，向老师们提出了五个'学习'——向专家学习，向先进理念学习，向同龄人学习（包括向来研修的老师学习），向学生学习，向实践学习。我们还特别注重老师的读书，现在我们每周二和周四的下午第四节，都是老师们的读书时间，所有老师都到阅览室阅读，这是强制的。"

"你认为杜郎口中学的老师快乐吗？"我问这个问题是有感而发，因为外界一直流传着杜郎口老师是很辛苦的。孙老师笑了："老师们是否快乐，关键是他们工作是否主动，并且是否有创新性。老师工作主动了，也就幸福了。"

这话引起我的共鸣："我同意这个观点。就像学生的课业负担，其实孤立地看学生的作业量很难说负担重还是不重，关键是学生是否主动学习。如果学习被动，甚至不想学习，布置一道作业，他就觉得很累；但如果孩子有学习的主动性，布置十道作业，他也不觉得累。"

我问杜郎口中学老师每一天的作息时间，孙老师说："学校规定老师们早晨七点四十前签到，上午十一点后离校；下午两点半前到校，四点半后离校。凡是有晚自习的老师晚上六点五十前必须来，晚自习总共两个小时。所有老师都有住宿的地方，有晚自习就住在宿舍。"

我一听，觉得从作息时间看，杜郎口中学的老师负担并不比一般的学校更重。

孙老师说："其实，很多老师都自愿早到学校，而下午离校时间远远超过四点半。但老师们不觉得累，他们乐意呀！因为他们都把学校当作自己的家，为自己是这个学校的老师而自豪！"

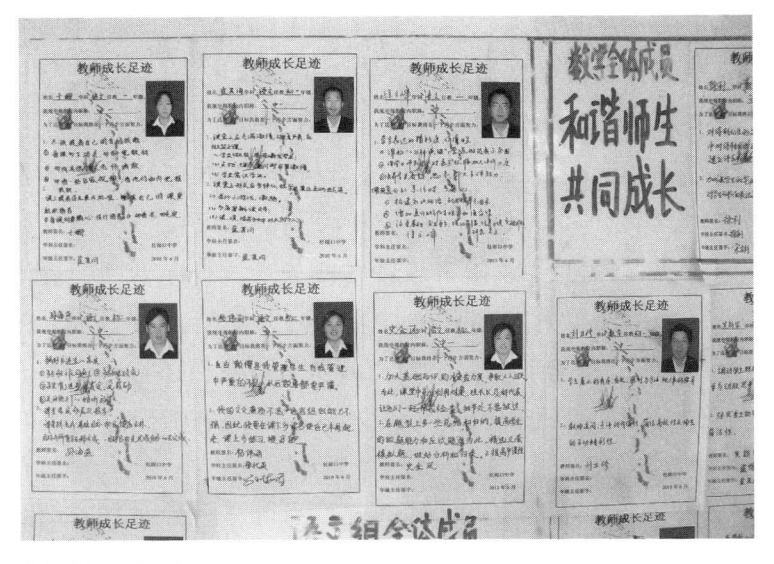

教师成长足迹记录

▲ 学生在自主学习

▲ 学生在学习演奏

他说:"现在老师的待遇非常不错,一日三餐免费;穿着不要钱,学校发校服;老师们中已经有三十人买车了,老师们考驾照学校报销费用,如果老师要买车,学校补助三万。教师子女上小学有专人接送,如果老师的孩子上幼儿园,全部免费。因此,虽然一般老师的月工资不过两千元左右,但一般都不动的。"

我一直认为,教师因教育本身而发财是很光荣的。崔校长创造了中国教育奇迹,也给老师们带来了财富,我觉得这没有什么可耻的。老师们用自己的劳动和创新换来的钱,无论如何都比贪官污吏的钱干净一万倍!

而且受益的还不只是老师,学生们也沾光,几年前我来的时候,孩子们每周只有五块钱的伙食费,而现在他们每月只交五十元伙食费,剩下的全由学校补贴,并且吃得非常好。学生们的校服全免费,全校学生都住校,一分住宿费不交,学校还免费给孩子们提供被褥等生活用品,平时学生必须油印一些习题之类,也一律不收油印费。

我问:"学生的负担重吗?"孙老师显然知道我这个问题的潜台词,他说:"我还是给你说说学生的作息时间吧。学生上午四节课,每节课

学生参加管弦乐兴趣班

四十分钟。中午吃了饭，十二点半到两点钟，学生不许在教室里，一律在宿舍午休。下午三节课，然后第四节课是学生的课外兴趣小组活动时间，每个学生都参加一个兴趣小组。我们学校共有19个兴趣小组：书法、象棋、舞蹈、管弦乐（乐器依然是学校买的）、太极拳、绢花、剪纸、健美、影视评论、朗诵艺术、篮球、排球等。晚自习结束后，学生回宿舍洗漱，九点半熄灯休息。"

我问："学生不会偷偷把灯重新打开吗？"

孙老师笑了，说："不可能的，因为拉了闸，开灯也没用。只有睡觉！"

高老师补充说："我们严格保证学生每天有十个小时的睡眠时间！"

我又问："学生的作业能够完成吗？"

孙老师说："没有课外作业，因为在课堂上都已经解决了。"

我还以为晚自习是学生做作业的时间呢！孙老师说："不是的，晚自习就是边预习边展示，最后半小时完全由学生自己预习，进入'真空状态'，也就是说没有老师。"

我问学校的生源怎样，孙老师说："一直没变化。我们的学生都是杜郎口镇的孩子。这里的招生政策就不可能允许我们大面积地招收外地学生。当然学校也有个别外地学生，但不多。最近几年政府要求向职高推荐生源，今年有十二个学生读职高。我们这里的学籍管理非常严，学校不可能撵走'差生'的。"

杜郎口中学成名已经好几年，却一直没有"优化生源"，星星还是那颗星星，月亮还是那个月亮，但他们的升学成绩一直保持在全县十九所学校中前三名。这不能不让我肃然起敬！

我又想到，课间我曾和迎面而来步履匆匆的中年女教师相遇，几秒钟的犹豫，我终于还是鼓起勇气问了她一句："你感觉累吗？"她一边走一边不假思索地说："不觉得，习惯了。"本来她都已经和我擦肩而过了，突然又回头补充了一句："事情再多再累都是我自己的，我们许多老师都把学校当作自己家！"估计有人又会认为她在说"假话"，可是我却感到这是灵魂深处的声音。

许多人都以为杜郎口中学的老师生活在地狱中，并为他们竟浑然不觉而叹息不已，觉得他们很"奴性"。可我要说，人与人之间心灵的距离有时候比地球与火星的距离还遥远。既然"燕雀安知鸿鹄之志"，又怎么能期待所有的人能够进入杜郎口中学老师高尚的心灵呢？

"学校有风气，老师才有士气"
——再访杜郎口之三

上午第四节课，崔其升给我们介绍了他的评价与管理。下面是我不完整的记录——

我今天讲的评价与管理，不是指具体的课堂如何评价管理，而是最根本的东西。我现在对人的评价已经上升到做人的品位上了。我有三句话："工作就是道德，表现就是人品，业绩就是人格。"我认为，这样的评价与管理才抓到根子上。

老师在工作投入上应该达到一种忘我程度，我们学校的老师现在做到了。我经常对老师们说，单位就是自己的家庭，工作就是自己的生命。老师在本职工作上表现好这不过是本分。现在我更要看老师"分外"的表现，这就是你的人品人格。比如地面上有烟头，现在多数老师都会注意这个。我们学校的清洁卫生都是我们老师和学生做的，全员都在管学校的卫生。如果老师随手拾取垃圾，在我看来，这比他上一堂好课更让我敬佩。

我们有许多公益的事，应急的事，如果老师们都把这当成自己的事来做，意义更大。我看一个人就看这个！就看他对本职工作以外的事，他是什么态度。我们学校现在如果有老师病了，其他老师都主动要求帮忙代课，都争着抢着去做，从不提报酬。这和学校安排你代课不一样。这才是高尚！

一个学校要搞好，关键是干部。社会上的地痞来打老师，我让老师走开，我冲上去。创业阶段，我亲自焊车棚，做到半夜。这样省下钱来给老师改善待遇。

现在，分外的事安排到谁的身上，都觉得是荣耀，这是学校的信任，是争面子的。

学校有风气，老师才有士气。现在我们的老师非常平静、朴实。

我爱给老师们说，朴实和真诚，这四个字是一种境界。我们一定要搞真教育。今天教育局的人去小学抽查，搞突然袭击，为什么呢？因为作弊成风，所以才由教育局的人去抽查。而我们学校的学生考试没有老师监考，但没有一个抄袭。

我主张两手抓：一方面表扬优秀的，一方面严厉处罚后进的。我也有三句话："优则举，违则更，众者从。"

有一个临时工，是代课教师，到北京学集体舞，去的时候交饭费，一顿饭三四十块，舍不得，于是溜出去到摊位上吃烧饼，四天培训回来花了85元钱。我很感动！我当场对全校老师说：今天我谁也不商量，我就"独裁"一次，散会后，请他到财务室，奖励他一千元！

危难时候忘记自己的人，我提拔成副校长。我们学校的张代英副校长就是这样被提拔起来的。那年坏人来闹事，我和张代英冲在前面，那时张代英才二十几岁，可勇敢地和坏人打，她的脸都被划伤了。

我们这里的奖金，没有什么规则，比如达到多少分就发多少奖金。一个月怎么样，两个月怎么样，没有的！而是谁做出贡献就随时奖励。

在这种情况下，过去表现不好的老师也必须变，因为不变他就没路可走。

有一个人落聘了，我给他爹打电话，我说我这是对你儿子好，他爹是我的铁哥们。凡是和我有关系的，我越在工作上苛求他！我今天批评了徐立峰，因为他昨天上课不够精彩，我觉得这是对徐立峰最大的帮助。我亲侄子在这里，有一次开水龙头，任水哗哗地流，我在大会上狠狠批评他："如果下次你再这样，我脱下鞋，用鞋把你的屁股打烂！"

做人还体现在孝心上。我要求教师出差或外出学习时必须给父母买东西，否则下次哪怕你考核第一名，也取消你的名次！在我校，决不允许有不孝顺的人！春节给老师们发五十元钱，专门给父母买东西用。

我的兄弟崔其同以前工作做得不好，就撤职；现在工作做得好了，就恢复职务。

风气正了，其他都好办。抓住了根，才抓住了关键。

我特别注重"小的管理"，就是用现场说话。这比讲道理还好。比如昨天，我看到某教室的课堂上讲课的学生拿的教鞭太长，学生用起来很不方便。以前我在会上就讲过这事，提醒重新买一个教鞭。但昨天依然如此，于是今天我狠狠批评了年级主任和班主任，并各罚一百元钱。我要强调学校无小事，每个人对学校都负有责任。

现在，如果有谁给另一个老师"找碴"，或者分打得很低，这恰恰说明两人的关系好！我经常说，给你提意见，刁难你的人，才是你的恩人！

"这个学校的发展史，就是斗争史！和歪风邪气斗！"崔校长以这句斩钉截铁的话结束了他的发言，每个字都掷地有声。

崔校长的观点我一时还难以全部同意，这点我后面还要专门写，但他的一席话再次让我震撼——不只是他说的观点，更因为他所说的一些事例。比如，那个教鞭的事，在我看来简直有点小题大做，而且"责任不明"，明明是后勤人员失职嘛，怎么扣班主任和年级主任的钱呢？但因为大家都接受了崔校长所倡导的正气，杜郎口中学的风气的确也很正。

于是不光是被罚者心服口服,老师们也都接受。在杜郎口中学,老师们没有找借口推卸责任的习惯,人人都是"第一责任人"。

我知道,杜郎口中学今天近乎"真空"的纯正风气并非从来如此,十多年前,学校中歪风邪气占上风,老师之间打架甚至用上了铁棍,还有反对改革的人公开辱骂崔校长,用砖头砸他的房屋,让这个硬汉趴在桌上流着眼泪长叹:"为什么我要做一件事这么难?"所以,十多年来的改革,正如崔校长所说,他花最大力气抓的并非课堂,而是风气。现在,学校终于有了正气!

教师的一周课堂反思

午后一点五十分,老师们按惯例聚在教学楼前开反思总结会。这种场面我已经不奇怪了,因为前两次来我就看到了老师们真诚的反思。但今天有一个场景依然让我感动甚至震撼。大概在两点钟的时候,有一个中年男老师主动给大家唱了一首歌《三百六十五里路》,唱之前他说,杜郎口中学这么多年来就是一步一步走过来的,他愿意和大家一起继续走下去；另外，今天是他儿子的生日，而且他儿子就是在下午两点钟降生的，今天不能当面给儿子生日祝福，他就唱一支歌献给儿子。于是他用浑厚的嗓音唱了起来，他的歌声立即赢得了大家热烈的掌声。在后来的反思发言中，好几位老师都以他唱的歌词作为开头，反思自己在成长之路上的不足。

下午，和高老师聊天。她说，其实杜郎口中学每天都比其他学校少两课时，因为每天下午第四节都是课外活动，另外中午没上课，其他学校中午都要上课的。她说，必须保证孩子每天有十个小时的休息时间，在这种情况下，要保证学习质量，我们只有提高课堂效率。我问，学生现在能够保证每天十个小时的睡眠时间吗？她给我算时间说能够的——学生宿舍晚上九点半熄灯后，学生便上床了；第二天早晨学生六点起床；每天中午十二点半到两点钟，学生必须到宿舍睡午觉。我问学生锻炼时间在什么时候。她说，早晨和下午放学后，从时间上说，是能够保证一小时的。

她又说："我们当初搞改革，主要是看学生可怜！学生上课听不懂，没事做就打扑克，我们天天收缴扑克。你想想，学生听不懂你却偏要他遵守纪律听课，多么痛苦！后来我们进行课堂改革，学生有事做了，上课便有了兴趣。关键是要相信学生，学生的潜力真不可低估！"

我再次问到杜郎口中学是否有外校生。高老师说："有少量。因为太多的关系户，包括许多领导的关系非要把孩子转来。我们是不愿意收的，因为来的许多孩子行为习惯都不好，影响了我们的风气。但实在推不掉的，便收了少量的学生，内蒙古的、河南的、淄博的等，总共大概有四十多个。"

我想，只有四十多个，的确不算多。我又想到昨天和崔校长说起这事，崔校长似乎还有些不平："有些学校收的慕名而来的学生都是优生，我们来的不少学生却是很差的学生——当然不是说全部都习惯不好，但的确不少转来的学生是不太好，我实在不想收。"我当时笑了："人家把你这里当工读学校了！"他说："是呀！"

谈到教师素质，高老师承认现在杜郎口中学的教师的素质还不算高，但随着课堂改革，老师们的专业素质也有提高。主要体现在教育观念有了很大的变化，特别是学生观，现在老师们都能相信学生，同时引导学生的能力和课堂调控能力也在提升；还有，通过读书，通过到外面去上课，自己的专业素养也在提升。

我问："现在你们学校老师中周末经常被邀请到全国各地上课的有多少？"她说："有三分之二。"

我吃了一惊，想：如果不是课堂改革，这些老师是不可能成为名师的。

"记住，有一杯别放糖！"
——再访杜郎口之四

下午第四节课，一阵嘹亮的《长江之歌》管乐旋律传来，冲撞着我的耳膜。我一下反应过来：学生的课外活动开始了。我寻声来到演讲厅，一群孩子正在练习小号和各种管乐，很是投入。

我又来到各个活动点，饶有兴趣地看着孩子的各种活动——

食堂饭厅，许多孩子在下象棋；阅览室，是一群热爱书法的孩子在练习硬笔书法；教学楼四楼上，是学生美术小组，孩子们正在画着素描；剪纸小组，一群小姑娘用灵巧的双手剪出了美丽的窗花；我又被一阵音乐吸引到了一间普通的教室，没有想到这间简陋的教室竟然是舞蹈房，小姑娘们正在跳着节奏鲜明的舞蹈；在另一间教室，热爱乒乓球的男孩子正在激战抽杀，我走过去也和孩子们打了一会儿乒乓球，开心极了。操场上，是篮球队和排球队的孩子们龙腾虎跃的身影……

不管哪个小组，我都能看到孩子们幸福的脸庞。他们生活在杜郎口中学真是幸福！只是他们并不知道，许多远方的人还在为他们"生活在应试教育的重压之下"而痛心疾首地"鸣不平"呢！

下课铃响了，课外活动结束了。我看着几个女孩子朝食堂走去，便在后面叫她们："哎，那几位同学——"

她们惊讶地转过来，不知道我为什么叫她们，但还是朝我走来。

象棋兴趣小组

美术小组

我看着一个小姑娘脖子上挂着一个"记者证"的牌子，便问她："你是记者？"

她笑着点头。

我又说："那你经常采访别人了？"

她依然笑着点头。

我说："那你今天能不能接受一下我的采访呢？"

几个女孩子都笑了："当然愿意。"

我说："我是来参观的老师，想和你们聊几句。这样，我们到那边树下坐着聊吧，好吗？"

五个女孩子跟着我来到花园边的柳树下，我们坐在一排椅子上。

我说："我是来自四川成都的老师。你们去过四川，去过成都吗？"

她们摇头："没去过。"

我说："那你们以后一定要去，四川是很美丽的，都江堰、峨眉山、九寨沟……听说过没有？"

她们睁大了眼睛，说："知道知道。"

我说："不过，现在在我眼中，最美的地方还是你们杜郎口中学！"

她们笑了。

我问："你们都是初一的学生吗？"

四个女孩子都点头，但一个女孩说："我是初二的。"

我又问："你们在这学校生活和学习，印象最深的是什么？"

她们纷纷说道："老师对我们特别好！""非常爱我们！""非常负责！"

我继续问："这种上课方式你们喜欢吗？"

"当然喜欢了！"她们眼神中流出对我的不理解，好像很奇怪我为什么要问这种问题。

我追问："这种上课方式有什么好呢？"

她们说："我们自己学，自己讲，记得更牢！""还锻炼了我们的口头表达能力！""我们更自信了！"

"作业多吗？"我又问。

"平时没有作业呀！老师很少布置作业的。"

"很少布置作业？那就是说也有布置作业的时候喽？"

她们说："是呀！星期六和星期天会布置少量作业。"一个女孩补充说："一点点，不多。"

我问："你们每天的睡眠能够保证吗？"

她们说："当然能。每天晚上九点半就熄灯了，中午还要睡一个多小时呢！"

我问："中午你们都能睡着吗？"

她们点头："能的。"有一个小姑娘说："我还睡不醒呢！"

我又问："你们都是杜郎口镇的人吗？"

她们说："是的。"

但那个初二的女孩子说："不，我不是。我来自河南洛阳。"

我很惊奇，问："河南洛阳？怎么会到这里读书呢？"

"慕名而来呗！我妈妈也是教书的，听说这里很好，便把我转过来了。我是今年春节后来的。"

我说："你原来的学校不好吗？"

"不好，在当地属于比较差的学校。"

"那你在原来的学校成绩如何？"

她说："在班上排在二三十名的样子，中等吧！"

我想，在那样的学校排在中等水平，可见学习成绩是不太好的。

我问："现在这个学校和以前的学校相比，你觉得有哪些不同？"

她说："原来的学校上课的时候全是老师讲，我和同学们根本不想听，每天上课都觉得时间很慢。而现在，上课很有趣，因为我和同学们都有事做，我们都积极投入，觉得时间过得很快。"

"那你现在成绩怎样？"

她说："还算比较好吧！反正比原来好！"

我又问："这所学校和以前的学校比，哪个学校的作业负担更重？"

她说："当然是原来的学校！这个学校基本上没有课外作业。"

我问:"你在原来的学校读书的时候,晚上几点钟睡?"

"都是在十一点以后,作业做不完。"

"现在呢?"

"现在九点半,学校统一关灯,我们都睡觉了。"

本来我还有许多问题想问她们,但我怕耽误她们吃饭,便说:"你们能不能在周末给我写写你们对学校的感受?现在社会上不少人不理解杜郎口中学,有许多误解,甚至还有人造谣诽谤杜郎口中学呢!"

她们说知道的,因为她们曾经在网上看到过一些人说杜郎口中学的坏话,她们都很气愤,因为那些说法完全不是事实。

我说:"对这些不实之词最好的回答,就是杜郎口中学学生的声音!"

我拿出名片给几位小姑娘:"这上面有我的电子信箱,写好后你们发给我吧!"

那个河南来的初二女生接过名片看,突然惊叫:"你就是李镇西?"

我说:"是呀!怎么啦?"

她无比兴奋:"我读过你的书!我妈妈给我讲过你,妈妈买了你的书《爱心与教育》,还有写你女儿的《做最好的家长》,我都读过的。"

我笑了:"谢谢你妈妈!如果我收到你们的信,一定给你们每人寄一本我的书!"

小姑娘们非常高兴:"太好啦!谢谢李老师!"

我说:"我才应该谢谢你们!吃饭去吧!再见!"

"再见,李老师!"小姑娘们对我挥手。

虽然在这之前我已经来过杜郎口两次,但当听到社会上一些质疑之声时,我也曾经有过不自信的疑惑:"也许就像其他'暴发户名校'一样,杜郎口中学也有摆不上桌面的'秘密'吧!"尤其是对"白天作秀,晚上作假""明里暗里挤走差生,优化生源"等说法,我确实不敢有百分之百的把握说杜郎口中学确实是真教育。

但是,这次来杜郎口之后,我对杜郎口教育的真实性确信无疑了!我无意也无力说服所有至今将信将疑的人,杜郎口中学也不在乎是否人

我与学生们交流

人都说其好。只要是真诚的人，总会尊重事实的。不过，偏见比无知离真理更远。有人即使到了杜郎口现场，他也不会相信杜郎口奇迹是真的，他也会总是说"假的假的""演戏演戏"。这也不完全怪他们"固执"，毕竟这么多年来，教育界乃至社会上，一夜成名的"神话名校"太多了，假的东西太多了，遇到真的也不那么容易让人信服了。

记得二十年前，我在火车站看到一个妇女吃力地拎着几个大包，我赶紧过去帮她，结果她惊恐而坚决地拒绝。我说我是教师，绝对是真诚帮你。可我越这样说，她走得越快，仿佛我是烈性传染病人。不能说当时我没有委屈感，但我更多的是理解：她可能曾经上过当，所以不敢轻易相信人了。理解之后，我感到悲哀与愤怒：这个社会骗子太多，让人与人之间失去了起码的信任。

明天就要离开杜郎口了。晚上，崔校长夫妇请我吃饭，作陪的有杜郎口中学的几位老师，还有县教育局的两位老局长。

饭桌上崔校长请我拿出笔记本电脑，然后通过播放光碟给我们看最近中央电视台关于杜郎口中学课堂改革的一个近八分钟的新闻节目。看完之后,崔校长感叹:"当初我们只想如何摆脱教育质量最后一名的耻辱,于是背水一战,进行改革,哪里想到会有今天啊!"

巧得很,餐厅里接待我们的是一位很有礼貌的小伙子,他主动招呼高老师,并自我介绍说他是杜郎口中学毕业的学生,刚刚参加完高考,来这酒店进行社会实践活动。

高老师非常感动,说你居然还记得母校的老师。高老师当年其实并没有教过他。我更感动,因为从他朴实的气质,以及礼貌而有教养的言行中,我看到了杜郎口中学的教育成果。

他问我们喝什么茶,我们说就来菊花茶吧!小伙子便吩咐另一个服务生去准备菊花茶,并特别嘱咐了一句:"记住,有一杯别放糖!"

原来,他居然还记得崔校长有糖尿病,是不能吃糖的!

崔校长更没有教过这个学生,但全校孩子都爱他们的崔校长,都知道崔校长身体不好。

我再次怦然心动。

保卫崔其升
——再访杜郎口之五

我知道写下"保卫崔其升"这五个字极有可能又会招来一些人的反感,但我只能忠实于我的心灵。

一个"好皇帝"

已经离开杜郎口了,但我的思考一直没有停止,心里一直萦绕着三个字:"崔其升"。

这几天,看到朋友们在我的"再访杜郎口"系列文字后面的不同观点,我很高兴的是,没有一条是恶意谩骂。有一些不同观点我认为是"想当然",有一些则是从理论出发的抽象推理,或从教育经典"尺子"出发的比照（在我看来这有点理论"冒酸"，是典型的"从本本出发"——怎么可能用"理论"去硬套鲜活长青的"生活之树"呢？），也有不少批评和质疑，我基本同意。只是我说过，就目前而言，应该多说杜郎口的优点。但是，多说杜郎口的优点，并非意味着对其局限或者说不是就视而不见。

我今天也不是专门谈杜郎口的不是，而是想说说透过我所看到的现象所想到的可能相对深层次的东西。我想超越我的"怦然心动"，谈谈我的"若有所思"。

还是回避不了对崔其升校长的评价。我依然毫不讳言我对崔其升的超越其他任何基础教育改革者（这些改革者的名字可以说出一大串，相信各位也会想到）的崇敬——

他是一位有魄力同时又谦逊低调的改革者，是一条有不屈脊梁且刚正不阿宁折不弯的汉子，是一个至今没有被世俗污染的纯粹的真人！

当然，他同时也是一个"皇帝"，只不过是一个"好皇帝"。我曾经当面调侃他："你是一个'好皇帝'！"我还开玩笑地叫他"皇上"。虽然是调侃，其实也说出了我对他在杜郎口中学的定位。说他是"皇帝"，是因为在杜郎口中学，几乎没有其他学校所拥有的健全的制度体系，一切都是他说了算，所谓"现代法治观念"几乎没有体现。他自己也说，制度不也要人去执行吗？他的确有点像"皇帝"一样一言九鼎，雷霆万钧。

但他的确是一个"好皇帝"，他对老师的一切要求都是从自己开始的，而且远比对老师要求严格，可以说他对自己到了苛求的程度。老师们认可他的"人治"，固然有法治意识尚待充分苏醒的因素，但更多的是对崔校长人格魅力发自内心的崇敬。有人曾把杜郎口中学视为当年的大寨或大邱庄——这些比喻，其含义是不言而喻的。但我要说，这个比喻似是而非。崔其升绝不是陈永贵，不是禹作敏！他有事业心，但绝无权力欲，以权谋私和他绝缘。他心地善良，虽然经常批评人，但从不整人；他品格正直，不会权术，虽然有时也不得不在"潜规则"面前表现出某种屈从的无奈和狡黠。他的身体可以说是相当糟糕——29岁就患上糖尿病，现在已经很严重，但他已经并将继续用自己的生命在润滑着杜郎口中学的运转机器。多年前，他在全校大会上向全体老师公开宣布："如果我的工作量低于学校任何一个人的两倍，我就没资格做这个校长！"

崔其升校长为我做介绍

写到这里，我再次非常心疼。离开杜郎口中学之后，我给他发了短信："其升好兄弟，我心疼你的身体！一定要多保重啊！"他回信："大哥，你的叮咛是对我最好的爱护，我一定按您说的去做！"但我知道，为了他所钟情的事业，为了他一往情深的学校、老师和学生，他肯定会"言行不一"的。

他批评违纪者毫不客气，但他其实心地善良到了极点。我听到了许多他关心老师的故事，这里不再赘述。记得当年学《县委书记的好榜样》，其中有一句对焦裕禄的评价："他心中装着全体人民，唯独没有他自己！"这话完全可以用来评价崔其升校长对杜郎口中学的奉献。

他批评起人来，有时甚至要骂粗话，但他心肠柔软，为老师们着想真的到了无微不至的地步。比如，被人广泛诟病的参观收费的问题，孤立地看，许多网友的批评都是对的，但就崔校长来说，这是在中国特定国情的背景下，不得已而采取的为改善学校条件、提高老师和学生生活质量而打的"擦边球"。

他对我说："学校收取每人次60元的参观费用，我们首先是将其投入学校餐厅的建设。这么多外地参观人员，我们必须保证他们的吃住，而这么多人来参观学习，学校的老师得额外花费时间和精力，他们也必须有相应的酬劳。"这话不好听，但是大实话。可能有的老师不知道，杜郎口中学离杜郎口镇都还有几里路，学校周围都是农田。老师们来学校参观，如果学校不解决食宿，真的很难找到地方吃饭和睡觉。我刚才说了，网友们对此的批评是不无道理的，毕竟学校不是景点，学校修食堂和公寓，这本来是国家应该投入的，现在却成了崔其升操心的事。

当然，这笔费用不仅仅用于修食堂，还包括我前面说到的为老师和学生改善学习生活条件。为此他不惜承受无数责骂——只要为了学校和老师还有学生，他哪怕"身败名裂"也在所不惜！想想，如果中国所有校长，都有崔校长对老师们和学生们的如此真诚的爱心，我们的教师就会真正有尊严地生活！

上次来杜郎口中学，我亲眼看到一位干部在大会上谈到自己工作还做得不好，没有为崔校长分担工作而禁不住自责地流下了眼泪。可能在一些有"现代观念"的朋友看来，这是"愚忠"，是"臣民意识"，但我要说，这是老师们对崔校长人格魅力的由衷折服，以及由这折服所产生的忠诚。可以这样说，现在崔校长这样的校长，在中国已经不多见了。包括我，和他的差距实在太大。

毫无疑问，崔其升校长的一些观点和做法，显然和我所信奉的民主、自由、法治等观念是相悖的，但具体到特定的环境、特定的人，我理解他的种种"局限性"。

纯真而朴实的突围者

面对现在媒体的一些夸张的宣传，他也是不同意，甚至反感的。他一直反对"复制"杜郎口中学的说法，他反复说，每个学校有每个学校的情况，不能全盘照搬；何况杜郎口中学的做法也很不成熟，还有许多不足。他的原话是："我不同意用'复制'这个词，我也反感被叫作'杜郎口模式'。一说起模式，就是一种固定的形式，但杜郎口中学不是静止的，每一天都会有新的变化，不可能被完全复制。"

面对中肯的批评，崔其升是虚怀若谷的，他不是那种听不进不同意见的人。比如，前几年，学校下午第四节并没有学生的各种课外兴趣活动，后来崔其升接受了批评和建议，才开始了学生的课外活动。应该说，崔其升是清醒的。崔其升眼中的杜郎口中学和媒体上的杜郎口中学，是有区别的，有时甚至是两码事。遗憾的是，我们许多人因为对"媒体杜郎口"反感，便把这种反感迁移到崔其升身上了。

崔其升朴实得像个老农民，纯真得像个小孩子。他是一个善良无比的人，甚至是单纯得有点傻乎乎的人。他总是把所有的人当作好人，尽管经常因为天真因为轻信上当受骗，但他并不因此而变得多疑起来，失去对人的信任。下次别人来了，他照样以善良待之。

有人给我讲了崔其升的一个故事：有一次崔其升从北京西客站准备打的去首都机场，结果马上来了许多出租车司机很热情地问他到哪儿去，有人甚至还来拉他，帮他提包。当时崔其升很感动，觉得不愧是北京人啊，首都人民真热情！于是他就上了一个司机的出租车。车开到半道，司机突然要崔其升给三百元钱，不然就下车。崔其升当时就蒙了，他万万没有想到"首都人民"会这样！

崔其升就是这样的善良，但受骗之后，他依然不会有"防人之心"，他仍然善待别人。

他是真正的"大智若愚"。虽然我刚才说他像农民般朴实像孩子般纯真，但他其实有着大智慧，不然一所濒于倒闭的农村学校怎么可能成为全国许多教育者朝拜的"圣地"？他的记忆力惊人。前不久他翻开一本语文教材看了一篇文言文之后，叹息道："现在记性真不好了，一篇文言文我要读三遍才能背下来！"我们目瞪口呆。但是，崔其升这不是幽默——我一直感到他的缺点之一就是缺乏幽默感，他真的很苦恼，因为青年时他读书完全可以过目不忘，就是现在，记陌生人的电话号码，也是他的一绝，常常让人惊讶不已。

只是他的智慧都是通过农民般朴实的行为和孩子般认真的行动表现出来的。他不是那种善于"提炼"、善于"挖掘"、善于上升到"理论"的夸夸其谈的人。目前关于杜郎口中学的所有总结提炼，包括"三三六"呀，"模式"呀，都和崔其升没有直接关系。

我绝不同意崔其升的"人治"。在前面的文章中，我写到他因为学生用的教鞭不合格，而处罚班主任和年级主任，还有为了表扬出差省饭费的老师而临时决定奖励其一千元。这些罚和奖都是即兴的，没有任何制度依据。我是不同意的——当然，对此崔其升也不同意我的"不同意"。

我还是认同这样的常识：从长远来说，制度比人更重要。因为如果仅仅是靠人的道德，是靠不住的，而制度可以避免"人"可能带来的种种弊端甚至恶果。我也把我这个想法对崔其升说过。不过，对目前的杜郎口中学来说，因为崔其升具有非凡的人格魅力和崇高的道德品质，所以他"随心所欲"的管理，比换一个人后靠"制度"管理也许更有效。问题是，崔其升退休之后呢？会"人亡政息"吗？因此，至少崔其升现在应该有制度建设的思考，应该让杜郎口中学朝制度管理过渡。

不过，写到这里我其实很矛盾：在目前的中国，好多改革成功的学校，几乎都有一个铁腕强人，搞"民主管理"的往往难以成功。别的不说，就以我为例，我真诚地在自己任职的学校搞民主管理，不能说没有效果，但我们的课堂改革等各个方面都存在执行力不强的问题，局长也委婉地批评我"太软弱"。我这里当然不是否定我所追求的民主管理，但在某些时候某些地方，就工作的推进和效果来说，靠校长的魄力与强力推进的"霸道"，至少是一种可以理解的策略。

民主制度需要土壤，在土壤没有形成之前，孤立地搞"民主"，到最后很可能什么都做不成。

我见到过太多的"教育典型"和"教育改革者"，因此，当初我第一次从媒体上听说杜郎口中学的教改经验时，我第一个反应是：又一个"大寨"诞生了！心里很是不屑。我想，在这个炒作时代，凡是吹成神话的所谓"典型"，我都有理由怀疑其真实性和非教育的动机，甚至炒作背后的利益因素。我的确也看到一些所谓名校校长，一旦"出名"便失去了自我，吹牛浮夸毫不脸红，而且贬低同行（在今年上半年一个全国校长论坛上，某名校校长面对几百听众，在夸耀了自己学校为中国基础教育做出的巨大贡献——这的确是事实，我对这所学校非常敬重——之后，公开诋毁杜郎口中学是"骗子学校"，说杜郎口中学"白天作秀，晚上作假"）。

但是，在我的视野中，迄今为止，崔其升是唯独——注意，我用的是"唯独"这个词——一位在如此险恶的环境中用生命突围并创造奇迹的教育理想者，而且他的教育是真实的，是朴实的！这个真实和朴实，自然包括和他的魅力人格杂糅在一起的种种不足和局限性——抽掉了他的种种局限性，他还是崔其升吗？他本来不是神，你却非要把他当作"神"来吹嘘，连他的不足你都要学，这是他的错，还是你的错？在我的视野中，目前到杜郎口中学来参观学习的老师，绝大多数都是自发的，从来就没有一个是教育行政部门用枪押送着来的。可有人却因此而怪崔其升，这公道吗？

表面上看，崔其升和他的杜郎口中学目前占尽春光，风光无限，其实，如前所说，老崔现在腹背受敌。在中国这片土地上，出现了崔其升这样纯正的教育改革者，我实在不愿意看着他悲壮地倒下。因此，我最近写下一系列文字为他辩护，我真诚希望我们每一个理想不灭、良知犹存的教育者，支持杜郎口（包括指出其不足以完善它），宽容崔其升（包括提醒他的局限性），保卫真正的教育改革者。崔其升做到了我们想做却不敢做或不能做的事，实现了我们想实现却无力实现的教育理想，因此，保卫崔其升，就是保卫我们自己——

保卫我们追求的教育理想，以及我们心灵深处的教育良知！

2010 年 6 月 21—23 日写于杜郎口中学

附：刚刚写完这组长文《再访杜郎口》，便从搜狐信箱里收到那天和我聊天的那个女孩的来信——

初遇李镇西

薛　熠

走（应为"昨"，李注）天在上课外活动时，崔校长、张校长、高老师，还有一个外校的老师和他们在一起。我们正在练习《节拍》，或许是因为经常有外校老师来参观杜郎口中学，所以并没有在意。

到了吃晚饭的时间，我从教学楼走出来，便看到了那位老师和同学正在座椅上交流着什么，出于好奇，我就走上前去，并加入他们的讨论当中。那位老师问了我们这样几个问题："你们晚上几点睡觉的？""你们觉得这种模式怎样？""有作业吗？"对于以上问题我们几个同学分别做出了回答："晚上九点多就睡觉了。""觉得这种模式十分能锻炼我们的自主学习能力。""平时没有，只有周末才有很少的作业。"那位老师在得知我不是本地的学生后，就问了我几个关于我在原来学校情况的问题："在你们那里几点睡觉？""在原来班级的成绩怎样？""来到杜郎口的感觉是什么？""能适应这里的教学模式吗？"关于这些问题我的回答是这样的："在原来的学校经常很晚才睡觉，大概到十一点钟才睡。""在班级中的成绩一直是中等，并不是很好。""来到杜郎口后没有觉得什么不适应的。"到了最后，那位老师给我们一人一张他的名片。李镇西？我心里不是很肯定地在想。我便问那位老师："您就是李镇西？您还写过书吧？"

得到他的肯定回答之后，我很是激动地说："老师，我读过您的书，因为我妈妈是老师，她买了您两本书，我全都读完了。"他听完很惊讶地说："你妈妈是老师？"得到我的肯定回答后，他还告诉我们让我们进他的博客给他留言，并且还可以把今天和他谈话的内容写成文章还有在杜郎口的感受一并给他发过去。

说到来杜郎口的感受，绝对不是一句两句就可以说清楚的，我提炼出来了三个词：1. 自主；2. 权力；3. 舞台。怎样解释呢？自主：这点不用多说，都可以看得出来，这里锻炼了我们的自主学习能力，提高了我们自主学习的意识。权力：把课堂交给我们学生，课堂以学生为主，在这里，有一句话给我很大的震撼，"砸掉讲台"。我以前对讲台很反感，讨厌老师在上面讲课，我们在下面听课的感觉。来到杜郎口，在课堂上学生权力最大。在杜郎口中学真正实现了老师和学生做朋友这句话。舞台：在杜郎口只要你站在聚焦处，你的发言大家一定会倾听，所以来到这里后就觉得杜郎口是我所到过的所有地方中，把"倾听"这个词诠释得最好的。

来到这里才知道老师可以这样当，学生可以这样做，这一切或许在别人看来不说是天方夜谭，但也至少是匪夷所思。事实上，这一切都是由杜郎口的老师做出来的。在学校中，如果有错误发生，老师不会去责怪学生，而是先自责——这里的老师从不把责任推到学生的身上，而是找自身的问题，这就是为什么一楼的走廊中有那么多白板，上面好多都是老师的反思。在杜郎口中学所"流行"的并不是怎样推卸责任，而是如何去承担责任。勇于承担责任不正是这一代孩子所需要具备的吗？

由此我要感谢杜郎口，感谢杜郎口的老师，感谢杜郎口的同学，他们教会了我太多太多让我这一生都难以忘怀的东西。

没有神话，谈何"破灭"？

一

大概是 2010 年前后，针对当时一些人对杜郎口中学的误解或非议，我写过一系列文章为这所农村中学的改革辩护，后来还出了一本书，书名就叫《善待杜郎口》。今天，我依然要说："请善待杜郎口！"

前不久，某记者"出事"了。在一些人的眼里，某记者是和杜郎口中学捆绑在一起的，既然他"出事"了，那杜郎口中学自然就"完蛋"了——有些人的思维就这么简单。于是，"神话破灭了""骗局戳穿了"等说法喧嚣一时。我一直认为，不能把一个人和一个学校等同起来，也不能把一个人和一个教学模式等同起来。这种"等同"的确是一种简单化的思维。

尽管某记者曾经是杜郎口中学最积极的宣传鼓吹者，但他毕竟不等于杜郎口中学。无论是以前有人不着边际地把杜郎口中学吹上天也好，还是现在有人咬牙切齿地说杜郎口中学的改革"其实是一场骗局"也罢，杜郎口中学从容淡定，不惊不诧，就在那里真实地存在着。

二

其实，关于杜郎口中学的课堂改革，从其声名鹊起之始就一直有着激烈的争议，就像现在人们对北京十一学校的争议一样。这很正常。我就是在杜郎口中学备受争议的时候，三次去了杜郎口中学考察，还进行了暗访。针对外界关于他们"晚上补课，白天演戏"的传言，我还专门看了他们的晚自习。我因此得出结论：杜郎口中学的课堂改革是真实的，是符合该校实际的，他们的成果是显著的，崔其升和他的同事们的拼搏精神和改革勇气是值得敬佩的；但其经验并非"放之四海而皆准"——杜郎口中学的具体做法是和他们地区、他们学校、他们学生的实际情况相适应的，如果其他学校也有相同或类似的"实际情况"，当然可以学，但杜郎口中学的教学模式很难也不应该如"农业学大寨"一样被强行推广。

我当时这样写道:"如果我们的教师专业水平不太理想,同时我们的学生整体素质太不理想,而我们又想让教师的专业水平和学生的整体素质都得以提高,那么,借鉴杜郎口中学的课堂模式应该是不错的选择之一(注意是'之一')。这话也可以反过来说,如果教师人人都学识渊博、技艺精湛,学生个个都聪明绝顶、能力超强,那完全不用学杜郎口中学——这样的老师,这样的学生,怎么上课都行,教学质量肯定都非常棒!"

我当时还说——

> 杜郎口中学成功的秘诀在于,他们选择了最可能也最容易改变的因素——课堂教学方式。通常情况下,我们无法改变统编教材,无法改变考试制度,也无法短时期内改变教师的素质,更不可能改变生源状况,剩下的就只有课堂教学方式了——这是我们唯一能够改变的。杜郎口中学正是从这里入手,开始了轰轰烈烈又扎扎实实的改革!……
>
> 所谓"三三六"之类,是专家们的提炼,而杜郎口中学的老师们最初的想法没那么"深刻"和"复杂",他们无非就是遵循常识而已。让学生学会学习,并不停地讲,教学质量自然提升。最好的学习,就是给别人讲,这是个常识。这个常识很深刻,也很朴素。多年来我们把这个常识给忘记了,不停地给学生讲,却不让学生讲。于是,知识在我们教师头脑里记得越来越深刻,学生却什么都没记住。杜郎口中学的老师们相信了这个常识,并利用了这个常识,让学生在课堂上不停地给别人讲,成绩自然就提升了。就这么简单。

这么多年过去了,今天我依然坚持这个评价。

三

不过,我当时也指出,学习杜郎口中学的目的,绝不是要克隆出一批"杜郎口中学"。且不说是否真能够克隆,即使成功地克隆了,这对被克隆的学校未必是一件好事,对中国教育更不是一件幸事!但问题在于,当初许多地区和学校在学杜郎口中学的时候,恰恰是不顾所在地区和学校的特点,简单化地"一刀切""强行推广",正是希望"不走样"地复制出一批"杜郎口中学"——这在某种程度上是某记者的"夸张宣传"误导所致,所以引起了很多老师的反感。因此,他们现在"听说"杜郎口中学"终于坍塌了"便特别"舒心",特别"解恨"。但当初学杜郎口中学的时候,原本就没有与本校的实际结合,只是简单地生搬硬套,怎么能够反过来骂杜郎口中学"骗人"呢?东施效颦的后果只能由东施自己承担,怪不得西施。

作为一所新建学校,我所在的武侯实验中学从建校之初起,就一直在学习洋思中学、东庐中学、杜郎口中学等学校的课堂改革经验。我还请崔其升到我校做过报告,也带领过我校老师前去杜郎口中学实地考察观摩。然而,博采众家之长,终究还得结合自己的情况予以消化,实现"创造性转换"。杜郎口中学课堂模式的精髓,是让学生成为学习的主人,这个原则是"普适"的,但这一原则的呈现方式则应该因校而异,因师而异,因生而异,因科而异。比如,所谓"因科而异"就是根据不同的学科采用不同的教学方式以体现"学生主体"的教学理念。我有感于现在所有学科都必须遵守同一的流程、步骤,便经常对我校行政班子和老师说,要探索如何在不同学科的课堂上呈现出课堂改革的基本理念,应该在坚持民主、平等、尊重、自主等理念的前提下,让不同的学科根据自己的特点以不同的方式呈现这些理念。比如,把学科大体分为人文类(比如语文)、知识类(比如数学)、技能类(比如体育)、综合类(比如外语)……这些不同类型的课应该有着自己富有个性的操作流程,同时又紧扣"让学生成为学习的主人"这个根本理念。

四

记得杨东平先生曾经问过我:"你觉得杜郎口中学的教学模式是不是

适合于所有学校？"我说，不，杜郎口中学的课堂形式往往只适合于和杜郎口中学相类似的学校，比如生源总体上不太好，教师的专业素质相对不太理想，学校地处城郊或者就是农村学校。而城市重点中学尤其是名校，则不适合学杜郎口中学：一来，这些学校已经形成了自己独特而有效的教育教学传统，没必要对课堂教学方式"大动干戈"；二来，这些学校的老师专业素养都很高，肚子里有货，而且很能讲，那就还是以教师讲授为主比较好，不用强行规定教师的教学方法，任他们自由而个性化地教学即可。有学问的老师哪怕偶尔"满堂灌"都不要紧，因为他们的每一句话都可能点燃学生的思维火花，都为学生课后的学习开辟了广阔的天地；三来，生源好，学生素质很高，自学能力强，课后一般都能在老师的引导下自己获取知识。但是，对很多普通中学来说，教师很敬业，但专业素养相对欠缺，尤其是学养不够，因此，有必要在课堂教学上有相应的规范，包括教学模式的统一。

崔其升校长说，最初他萌发让学生上讲台的原因，是他听课时孩子的一句话："老师讲得这么差，还不如我自己学呢！"崔校长干脆就让学生们自己学甚至自己讲。就这么简单。试想一下，如果对于学养和素养相对薄弱的老师，也"任其自由发挥"地上课，结果会怎样？我估计，至少起码的教学质量是难以保证的。实践已经证明，杜郎口中学采用他们的模式教学极大地提高了教学质量，创造了教育的奇迹。这是不争的事实，杜郎口中学的每一个毕业生和他们的家长都可以证明。

五

但是，从2014年起，杜郎口中学放弃了最初的"三三六"课堂模式，不再限定教师在课堂上只能讲五分钟，而是让教师在课堂上有更多的自主权。于是，我听到了一些人的评论："崔其升不得不放弃'三三六'课堂模式，这宣告了杜郎口中学课堂改革的失败！"正如当初许多人质疑杜郎口中学时他们没有一句"反驳"一样，这次我也没有听到杜郎口中学发声。他们用实实在在的"做"，来回答各种声音。

现在杜郎口中学的课堂上，依然体现着学生自主学习的精神，教师作为学习共同体的一员，承担着组织者、点拨者和分享者的角色——组织孩子们在课堂上自主学习；点拨学生的疑难困惑，当学生遇到困难、遇到迈不过去的坎儿的时候，老师做一个点拨；和孩子们一起分享自己的学习收获，老师自己有灵感，有超越学生的地方，分享给大家。至于教师在课堂上讲不讲，讲多少，讲多久，完全让学生根据课堂情况自己决定。崔其升校长对我说："以前之所以要搞'三三六'模式，要限制教师讲的时间，是因为那时候老师们普遍无视学生的学习主体地位，'一讲到底''满堂灌'简直根深蒂固，所以我们不得不采用严格的模式强迫教师少讲。经过几年的努力，老师们通过'三三六'模式不但已经完全转变了观念，而且也完全适应并习惯了学生自主学习的课堂方式。在这种情况下，我们便把教学自由还给了教师。"

原来如此。从"三三六"模式的限制，到后来"三个角色"的放开，这是杜郎口中学课堂改革的不同阶段，恰恰是推进与发展，怎么能说是"失败"呢？又是几年过去了，杜郎口中学的教学质量依然在当地名列前茅。杜郎口中学的老师们再次用行动为自己赢得了尊严。

六

我在写这篇文章之前，采访了一位内蒙古的老师，她叫李翠云，是内蒙古乌兰察布市集宁新世纪中学的老师，目前在杜郎口中学挂职锻炼已经两个月，并兼任八年级一个班的英语老师。我从她那里了解了杜郎口中学的现状。

李翠云老师这样给我介绍她看到的杜郎口中学的课堂形式——

> 从杜郎口中学最早的"三三六"教学模式，我们才知道，原来课堂也可以这样，学生分组学习讨论，没有讲桌，教师成为学生中的一员，而学生是课堂的主人，这种模式打破传统，给了学生更多的学习的自由选择，也给了他们更多的自信。

如今，杜郎口中学的课堂依然在不断摸索，不断改进。通过一个多月的学习和实践，我感受到现在杜郎口的课堂在继续注重对学、群学和关注学生展示高标的基础上，更加注重实效性，由此，课堂不再拘泥于模式，而是根据课堂需求，教师随时引导和点拨。常态课课堂流程是这样的：学生板书→晒误台全班剖析→分配任务小组交流→小组展示分享成果→多种形式进行反馈（帮扶小对子互查，教师回访，组长换小组针对重点同学进行抽查，板面前出题检测，纸面上进行笔头沉淀）→达标反馈（分层）→课后反思。加强了小对子的帮扶，更有针对性；老师回访，也是回访对子，因此小对子利用得非常充分，效果也很明显。教师根据学生提出的问题及自己备课过程中确定的重点，进行学案的设计。学案可以采用板块式设计，如文本探究（结合文章内容设计不同形式的问题）、词性区分、易错预设等。以上部分学习环节可以融合在一起。

杜郎口的教师注重课堂效率，因此他们积极思考，努力改进，一小部分老师正在探索立体式课堂，即让整个课堂转起来，避免了由于班级人数多、程度参差不齐，小组学习不能关注到每一个学生等问题，学习效果更有提升。把所有的课堂任务分别进行，因此整节课学生是忙而有序的，有的在展示，有的在上板，有的在抽测，每一个任务参加的学生基数变小，因此质量提升。让学生整节课忙碌而有收获，这样的课堂值得借鉴。

七

让李翠云老师感动的，不仅仅是杜郎口中学的课堂。

"在朝鲜的每一天，我都被一些东西感动着；我的思想感情的潮水，在放纵奔流着；我想把一切东西都告诉给我祖国的朋友们。"——《谁是最可爱的人》中这几句著名的话所表达的情感，完全适合李翠云老师。

她一边学习一边感动，夹叙夹议地写下了一万三千余字的学习感悟。

她真诚地想把她看到的"好教师认真敬业、积极奉献，好课堂善于思考、蓬勃活力，好集体团结一致、上下一心"的真实做法告诉更多的人，她还结合她所在的学校的改革进行了思考。请让我摘录一些片段——

  当我第一次作为杜郎口中学的一员站在台上参加反思会时，才真正近距离感受到他们发自内心的蓬勃向上的力量，文本背诵你争我抢，热身舞激情澎湃。同样的背诵，我们被动为之，他们是发自内心地想去展示自己，锻炼自己，提高自己；同样的舞蹈，他们发自内心地喜欢，认为是锻炼，是放松，更是展示学校最好的精神面貌，而我们是完成任务，没有跳出舞曲原本应有的动感激情和热情。在这里，老师们每一个动作都是认真、有力、到位的，不是轻描淡写，更不是敷衍了事。

  我深深地感受到了我们和杜郎口中学的不同，做同一件事，我们只是去做了，并没有全力以赴，更没有做到极致，而杜郎口中学却团结一致全身心投入地去做，并且一直坚持，不断改进，直到做到最好的状态，并使之成为常态，这就是差别。

  在这里，扫地、扫环境区同样扫到极致，一尘不染，擦板就擦到明亮，包括食堂餐桌，绝不会有一丝污渍，没有差不多，没有将就，只有保持规格。从学生到老师到领导，从保洁到门卫到食堂人员，形成习惯，形成整体氛围，有一种积极向上、不服输的精神，要做就努力做到最好！这就是杜郎口中学做人的品格和责任心，更是杜郎口中学生生不息的正能量！

  ……

以上只是李翠云老师长长文章中的一些片段。比起那些从没到过杜郎口中学的人做出的种种"断言"，上面的每一个字都是她根据自己亲眼所见而写成。

而杜郎口中学教师这种"做人的品格和责任心"，才是杜郎口中学的精髓。但是，恕我直言，杜郎口中学老师们的这种品格和责任心，恰恰是许多人学不会甚至不愿学的。

不学这个，而孤立地去学"课堂模式"，自然是捡了芝麻丢了西瓜，当然学不像，却反过来说别人是"骗人的"，这怪谁？

八

当有人在说"杜郎口中学破灭了"的时候，崔其升校长却对我说："杜郎口中学比过去更好了！'好'的主要标志，不仅仅是教学质量，更主要的是老师和学生的精神面貌。"他说，老师们对自己的要求更加严格，自我反思更加自觉，超越个人名利，一心为教育；现在学生在课堂上比过去更加主动，课堂探究的欲望更强烈。

"所以，尽管我们每年的新生小学毕业测试排名在全县15个单位中，连年倒数。但三年后的中考成绩，我们连续名列前茅。"崔其升校长自豪地对我说。

在不少学校，一旦"成名"便有了"名校效应"，许多外地"优质生源"便源源不断，这就是所谓"优化生源"。但杜郎口中学却无法"优化生源"，崔校长说："没法优化，我们是农村学校嘛！我们的学生全部都是小学毕业生，全部入学，义务教育。没有择校生，全部是本乡镇的孩子。"

多年前，有人曾经问我："你认为现在有不靠优化生源而取得优异教育成绩的学校吗？"我回答："当然有！比如杜郎口中学！"这也是我敬佩崔其升的重要原因之一。一不挖优生，二不撵差生，踏踏实实地搞课堂改革，从最后一名抓起，十年磨一剑，终于成为全国教育改革的典型。而且成名之后，该校由于地处偏僻，生活条件很差，到现在都还没有像有的名校"一炮打响"之后优秀生源云集的壮观场面，也就是说，至今他们依然没有"优化生源"，依然教着当地农民的孩子，而且依然一年一年地成绩斐然。这样的名校，我服！

我想到，前几年杜郎口中学门庭若市，前去学习的老师络绎不绝，有时候甚至每天都有好几百人。现在当然没有过去那么"喧嚣"了，但学校也从来都没有被冷落过，因为参观者从来就没有间断过，每天依然有来自全国各地的老师。

九

说到现在外界对杜郎口中学的负面评价时,李翠云老师说:"说这些话的,大多不了解杜郎口中学。"是的,很多人连杜郎口中学都没去过,依据道听途说,就想当然地做出各种断定。如果亲自来到杜郎口中学,全天候深入了解这所学校,深入他们的课堂,深入接触每一个老师和孩子,任何一个不带偏见的人都会觉得,杜郎口中学是真的,绝不是假的;他们的课堂改革依然红红火火,继续在推进,在深化。杜郎口中学不存在所谓"神话破灭"——没有"神话",谈何"破灭"?

对于外界"杜郎口中学晚上都要加班加点补课,由老师讲,白天让学生讲,所以很假"的传闻,李翠云老师说:"没有的。杜郎口中学真正做到了学生'零'作业,因为所有问题都在课堂上解决了。学生的晚自习就是预习,老师当然也要辅导,但绝不是一般人认为的那种补课。"杜郎口中学其实是透明的,因为随时都有外校老师参观,许多人就住在学校,如果真的晚上"加班补课",那谁都看得见,想隐瞒也不可能。

北京师范大学《中国教师》杂志社优质教育研究院的田院长研究杜郎口中学已经很久了。田教授认为,杜郎口课堂的根本是教师的"两背"和师生的"三全"。所谓"两背",第一背是背诵学生发展核心素养,这是中国教育的最高专家制定的最高政策,是指向性的;第二背就是背诵所教知识内容以及知识框架梳理,所有的知识点都要内化之后背诵。所谓"三全"是"全力以赴""全员参与""全程参与",所有的教学活动,师生都以"三全"保证了教学的高质量。估计有些人听到这些,又会批评杜郎口中学教学生"死记硬背"了。对此我只想说,作为掌握知识的一个环节,"死记硬背"有什么错?

十

我当校长期间,曾专门在2012年12月16日的《中国教育报》上发表文章，题目是《成都市武侯实验中学谢绝参观》（发表时编辑将题目改为《宁静地办学》），明确表示武侯实验中学追求宁静办学，不接待参观者。

但我不反对别的学校这样做。因为各个学校情况不一样，比如杜郎口中学。崔其升校长受人诟病的地方之一，便是学校成名后"商业化气息很浓"，收参观学习者的门票，还有高额的培训费，等等。我想关键不在于是否收门票，而在于此举是否违规违法。这最好由纪检或司法部门进行调查，如果违规违法，自有相关的行政或司法处置。如果没有违规违法，那无论我们如何"见不惯"也没办法。何况一所偏僻的农村中学能够办得哪怕有高额门票，参观者也源源不断，这不正是成功的标志之一吗？

杜郎口中学当然有其不足。那天就有网友对我说，他去杜郎口中学，学生进进出出，根本不向他问好。这当然是遗憾，不过我想，杜郎口中学这么多年来每天都有人参观学习，可能孩子们已经见惯不惊了。不过，杜郎口中学的不足还不仅仅是这个。比如有学者指出，杜郎口中学的教育教学改革更多的还是"知识本位"；又如，其学校管理方式相对还比较传统，离现代管理理念还有距离；再如，无论教师还是学生，他们的知识结构似乎相对还比较单一，文化视野还不够开阔……虽然我觉得对一所农村学校来说，这些评价可能有些"苛刻"，但一所知名学校的改革既然引领着中国教育发展的方向，那么我们对杜郎口中学有更多、更高的期待，也在情理之中。

曾经有人问我："你怎么看待杜郎口中学和北京十一学校的改革？"我当时以略带调侃因而不那么严谨的口吻说："杜郎口中学是初级版的北京十一学校，北京十一学校是高级版的杜郎口中学。"

我知道，我这样说可能会让人感到"这是哪儿跟哪儿呀"，感到有点"无厘头"。其实，我这样说，无非是表达了我对这两所充满争议的学校的改革精神的理解——虽然这两所学校的课程、课堂和教法，包括教师的情况等因素都完全不同，但是，第一，他们在"尊重学生"这一点上是完全一致的；第二，他们在根据自己的实际情况采用最适合的教育教学方式上，是完全一致的。地处山东省聊城市茌平县的杜郎口中学，条件比较艰苦、简陋，农村学生基础也不太理想，可崔其升的改革依然体现了李希贵"以人为本"的理念，所以我说它是"初级版的十一学校"；地处京城的十一学校，在许多方面都有着更加得天独厚的条件，有着更加理想的教育改革平台，于是李希贵的教育改革更大胆，更全面，更有突破性，但理念依然和崔其升的想法一样朴素而符合常识："以人为本"，所以我说它是"高级版的杜郎口中学"。

当年红军在长征途中艰难跋涉时，远在上海的鲁迅写下这样的文字："那切切实实，足踏在地上，为着现在中国人的生存而流血奋斗者，我得引为同志，是自以为光荣的。"我想借用鲁迅当时的情怀以及这段话，并改动几个字，对山东杜郎口中学、北京十一学校，以及所有改革的学校致以崇高的敬意："那切切实实，足踏在地上，为着现在中国人的教育而改革奋斗者，我得引为同志，是自以为光荣的。"

2017年1月3日上海至成都的航班上

附：对崔其升的两次电话采访

第一次（2016年12月25日）

李：现在杜郎口中学的情况怎样？

崔：很好，我觉得比过去更好了。

李：更好了？哪些方面？

崔：我觉得就在两个方面，一个是老师的修养，老师们对待工作就是把自己的最大价值释放出来，具有良好的精神状态、工作状态。原来可能还有个别老师打自己的小算盘，要谋求自己的最大利益，而现在绝大多数老师这一块已经修炼了，不再为个人利益去盘算，认识到我活着就得多做有益于人的事，做教育，我得为教育做贡献，我得把这些孩子最好地培养。最近这几年，绝大多数老师就不为个人的私利，不为功利了，就一心一意地想把自己工作的价值、意义最大化。

最近外来参观的少了，也有来的，而且来看了都很感动，感动于一个公办学校老师们的工作状态。因为有的学校出人不出工，出工不出力，在单位吊儿郎当混，混退休，等好事。而杜郎口呢，老师们积极主动、忘我忘名忘利、负责任敢担当，实现价值的最大化。正好在这一块，和现在这个社会主义价值观是吻合的。

这几年我也是狠抓人心的净化。我29岁患上糖尿病，我说我可能早一些时日离开人间，我来这人世上一遭，对社会、对孩子能做一点事情，有价值。我把我这个思想逐渐给老师们渗透，他们也感觉到了，我多做事儿，我做的成绩大，觉得幸福、快乐，内心有一种存在感、成就感，形成了一心一意为公、为工作着想的文化氛围。有个内蒙古来的李翠云老师，来杜郎口一个月了，在这儿挂职。深入学校内，并且教了英语学科，她很有感触，也很感动。

李：你们那里现在参观的人不如过去多了，但陆陆续续还是有，是吧？

崔：有。上一周北京怀柔就来了15个。再上一周，云南、贵州也有人来，都有。人数是少了，但没有间断过。

李：你刚才说两个方面的变化，一个是老师，第二个呢？

崔：第二个就是教学。我觉得这个教学吧，老师的最大职责，不是授课，而是把孩子的求知欲、表现欲、上进心激活。孩子在这几十个同学的班里不能落伍，有一种技不如人的感觉，就觉得愧疚，觉得得积极向上、进取。在孩子内心当中，把这个给他唤醒出来，这是前所未有的。孩子都是在自主、自觉、自愿的学习状态当中，没有老师外力的强加，现在逐渐把课堂做成了擂台赛、比武场、演讲会，课堂上人人都是一分子，一个也不能少。每个同学都把自己的才华、潜能挖掘出来，证明自己的存在，证明自己在这个班里也不是别人看不起的那一位。

这一块有大的进展。

孩子对他的学习非常自觉，他内在有动力。不是给他讲纪律、学习的重要性，学习不好甚至还把家长叫来，不是这样子的。

李：课堂结构是不是还是原来那种，就是我们当时来看的几大块，三三六模式？

崔：不是了。刚课改的时候，如果没有一个依托，没有一个可参照的模式，往往很难推行。通过实践，逐渐培养出来一大批名师。一开始是有这些模式套路，但现在没有了。

比如以前的节假日，学生在家里有两个任务，一个是复习学过的知识，一个是预习没有学过的知识，也就是自学。村里有几个同学，外语学不会，可以几个同学互相碰撞碰撞，合作学习。甚至还有高一级的学生也在这个村可以去寻求帮助，邻村有表兄弟就前往请教，自学基本上就都学得差不多了。今年暑假里，就做了一个大胆的尝试，就整个暑期学下一学期的功课，开学的第一、二天，全校八、九年级考了个试，100分满分，平均分都在70分以上。一节课没上过，孩子就能做到这份上。

李：你们这个课堂结构，是以老师讲为主呢，还是以学生学为主，还是师生共同怎么样？有没有一个大体的流程是跟原来不一样的？

崔：原来时间分配，老师讲五分钟或十分钟，现在都没有具体的规定了。都是以学生为主，学生能自己学会了、掌握了那是最好的，万一这个地方过不去，老师可以和他分享自己的学习成果，而不是传统那种我讲你听，现在有互动，学生为主体。个别时候，师生是互动的。

李：你们现在的升学率在当地还是很好的，是吧？

崔：当初我们招入的新生小学毕业考试的时候，全县倒数。2016年初中毕业的孩子呢，今年中考是全县第三。就是这些年合起来，我们学校升学考试都在前五名吧，也算前茅了。

李：你们这个生源也无法像其他学校那样优化，是吧？

崔：没法优化。全部都是本乡镇小学毕业生，全部入学，义务教育，没有择校生。

李：他们很多人质疑，就是杜郎口过去从表面看是学生在学，其实是加班加点在补课，包括晚自习。

崔：不是这样，纯属谣言。

李：我记得你当时说过一句话，说好多老师到这儿参观是住在这儿，你们要是加班补课，是看得见的，是吧？

崔：对。

李：我理解你今天说的意思了，老师精神面貌变了，学生精神状态也在变，他们自己有了那种上进心、学习的那种动机，是吧？

崔：是的。

第二次（2017年1月3日）

李：你们现在那个课堂教学模式还是原来的三三六是吧？

崔：不是了。

李：那你们现在的课堂模式有什么特点呢？

崔：自主式的学习。

李：老师讲不讲呢？

崔：老师不讲。老师有三个作用：第一是课堂的组织者；第二是当学生遇到困难、遇到迈不过去的坎儿的时候，他做一个点拨；第三是分享，他自己有灵感，有超越学生的地方，分享给大家。

李：我能不能这样理解？现在的课堂上，老师是这三个角色，也不排除他分享的时候可以多讲几句，也没有限定比如只能讲5分钟。他讲多少，完全根据学生的情况而定，是不是这个意思啊？

　　崔：对。

　　李：我还有个问题，你们为什么想到要把原来的那个改成现在的这个呢？

　　崔：一开始吧，老师在那个传统观念的前提下，转变不了学生。现在呢，学生已经转变了，转变了就放开了，就不给老师施压，提硬性要求。

　　李：我理解的是，处于不同的历史阶段，当时那么做，是为了达到目的，目的是要让老师转变观念；现在是转变观念了，就给他一个自由，他就不容易回到过去了。是吧？

　　崔：是。

　　李：你们大概什么时候转过来的呀？

　　崔：2013年、2014年的时候吧，一直转到现在。

　　李：不同的阶段，达到目的了，便采用新的课堂形式。这应该是往前推了一步。

　　崔：对的。

不管外面多么喧嚣，他们只顾默默前行

一

　　2017年5月12日下午，我又一次来到杜郎口中学。

　　一出济南遥墙机场，崔其升校长便迎上前来紧紧握着我的手，然后把我的行李箱抢了过去。好久不见，他依然如老农民一般热情朴实。他今天本来在平邑，为了接我，特意驱车几百公里赶到机场。

　　在车上，我们聊起了杜郎口中学。我问："前段时间因为某记者出事，学校再次处在舆论的风口浪尖上，现在学校怎样？"他说："一切如常，学校没有受到外界舆论的干扰和左右，该干啥干啥。感谢你多次公开为杜郎口中学辩护！"

　　他指的是我年初写的那篇《没有"神话"，谈何"破灭"》，这篇文章在网上发表后,引起强烈反响。也有个别老师有不同看法,但大多数读者予以了认可。山东教育厅副厅长张志勇说我这篇文章对杜郎口中学的评价很理性客观。当然,争论会继续下去的。不要紧,这是正常的。

崔校长还告诉我,杜郎口中学现在依然有源源不断的参观者,但不收费了。学校已经没有任何财务权,完全不可能靠"奖金"对老师们进行"激励"了。他说:"还是要靠做人的境界,做人第一,就是你说过的,'首先做一个好人'。"

是的,我曾经给崔校长说过——其实这话我也在武侯实验中学讲过——一个人无论从事什么职业,首先要是一个好人。好人的含义是善良、正直、勤奋、宽容,随时想着别人,让周围的人因自己的存在而感到幸福……我说这个话的时候,举的例子是武侯实验中学的潘玉婷老师。潘玉婷老师深受学生爱戴,课上得好,班带得好。同事们都希望把自己的孩子送到她班上。我曾在大会上说:"潘玉婷老师之所以是个好老师,是因为她首先是一个好人。她把自己的善良投射到教育中,便成了好老师。如果她从事其他职业,比如医生、律师、公务员或营业员,也会做得非常好!"

杜郎口中学校园

崔校长说，他学校的老师太好了！学校有一种正气，向上、敬业、不计较，老师们都把学校的工作当作自己的事，对教育有一种"宗教情怀"，对工作有一种"反思精神"。当学校工作和个人利益发生冲突时，老师们都自觉服从学校工作安排。

我说："这恰恰是很多学校没有的，也学不会。不但没有，不但学不会，他们还不相信，或者会质疑，'不人文'啊，'老师也是人'啊，'被洗脑了'啊，等等。"

崔校长笑了："不管别人怎么说，反正我们学校就是这样的。"

二

走进校园，我看到前来参观的人虽然不如几年前那么熙熙攘攘了，但依然一拨一拨的，完全感觉不到外界所传言的"杜郎口中学衰落了"的景象。

几年不见，杜郎口中学校园发生了很大的变化。但走进课堂，好像变化不大。依然没有讲台，依然四壁黑板，依然是学生在展示，而老师在一旁站着听，不时点拨几句。当然，我说的"依然"是从表面上看到的，实际上，杜郎口中学的课堂模式远不是当年的"三三六"，也没有了过去那种"导学稿"——几年前，崔其升校长便决定取消"导学稿"，这还引起外界的误解和议论。现在的课堂情况，我在《没有"神话"，谈何"破灭"》一文中曾有介绍——

> 课堂不再拘泥于模式，而是根据课堂需求，教师随时引导和点拨。常态课课堂流程是这样的：学生板书→晒误台全班剖析→分配任务小组交流→小组展示分享成果→多种形式进行反馈（帮扶小对子互查，教师回访，组长换小组针对重点同学进行抽查，板面前出题检测，纸面上进行笔头沉淀）→达标反馈（分层）→课后反思。加强了小对子的帮扶，更有针对性；老师回访，也是回访对子，因此小对子利用得非常充分，效果也很明显。教师根据学生提出的问题及自己备课过程中确定的重点，

进行学案的设计。

我走马观花转了几间教室,看了几堂课——实际上,在杜郎口中学,他们的课堂形式让人无法以传统的方式听课,而只能"转课"。我看了语文课、数学课、生物课,因为我的学科专业,我在上语文课的两间教室里站得相对久一些。

这两节语文课都是阅读课,一个班是分享苏轼的《水调歌头·明月几时有》,另一个班是讨论老舍的《骆驼祥子》(片段)。和前几次一样,学生在课堂上的展示给我留下很深的印象。每一个站在前面的孩子,都是目光自信,落落大方,声音洪亮,语速流畅,表达清晰。聆听的同学也神情专注,眼神凝视,或者随着展示者的思路而情不自禁地小声应和,气氛非常和谐。站在一旁的崔校长说:"只有这样,孩子们才不会开小差。"我注意了一下,果然,每一个孩子都很投入,看不到心不在焉的学生。

学生的阅读课

三

崔校长引导着我来到一间会议室，里面坐着教育局的副局长、教研室主任、杜郎口中学的一些年轻教师，还有几位外地的参观者。崔校长说，楼上还有一批参观的老师，他得去给他们讲讲，这里让张校长陪我交流。说完他就走了。

在交流会上，我谈了杜郎口中学最让我感动的地方。

我说："第一，杜郎口中学对教育有一种近乎宗教情怀的职业精神。这是杜郎口中学课堂改革得以推行并且取得成功的真正秘密。全国不少地方的学校学杜郎口，轰轰烈烈地开始，最后不了了之，一切回到起点。为什么？许多人都说是因为'生搬硬套''机械地学''没有和本地的文化和本校的实际情况相结合'……这当然是重要原因，但绝不是根本的原因。在我看来，学杜郎口中学而不成功的根本原因在于，从校长到教师没有他们那份对教育的真正信仰，没有那份教育的'宗教情怀'！杜郎口中学老师们善良、勤奋、坚韧的人格，对职业的高度认同，对工作一丝不苟的自觉敬业，不讲报酬不计名利的境界……这些很多学校学不来，有的老师也不愿学——不但不愿意学，而且他们也不相信有这样的老师，或者会说'这样的管理没有人文情怀''老师被洗脑了'……但这恰恰是杜郎口中学的精髓：人格高于一切。"

写到这里，我还想补充强调的是，信仰是一种个人的自由选择，你可以不做这种选择，但你不能不相信有人的确会这样选择，你不应该不尊重别人的选择。打个比方，我们在西藏看到那么多虔诚的信徒，虽然我不信，但我相信他们的信仰是真诚的，而且我对他们绝对肃然起敬。面对杜郎口中学的课堂改革，离开了教师的人格精神，纯粹学技巧、学模式，永远不可能学会，永远！

我谈到自己敬佩杜郎口中学的第二点："现在很多所谓'名校'，多少都有'择优招生'的背景，甚至不择手段去抢'优生'，但杜郎口中学不择优生，这点最难能可贵！有人曾经问我，说同样是以升学率辉煌著

课堂上专心致志的学生

名的学校,你抨击那些'超级中学''高考工厂',为什么却不说杜郎口中学?我说,杜郎口中学和那些所谓的'牛校'最大的甚至说最本质的区别,在于杜郎口中学的生源没有经过'优化'。学校的区域位置,决定了他们在全县十六所初中里,生源质量多数时候是最后一名,偶尔是倒数第二名,但三年后的中考,却能名列前茅,至少在前五名,去年2016年还是第二名!所以茌平县教育局单局长曾说,杜郎口中学的中考成绩,是'不是第一名的第一名'!今天,我去转课堂,看到几个患有侏儒症的儿童,这样的孩子,在某些'优化生源'的名校,显然是不会收的,可今天我看到这些孩子在课堂上一样的自信,一样的投入。这是杜郎口中学最让我佩服的地方之一。这就是真教育!"我说这话的时候,茌平县教育局慈副局长正坐在我对面,他一边听一边微微点头,表示认同。

四

我想到好几年前,我在谈到鄙视一些靠挖生源而取得中考、高考"辉煌"的学校时,就有人曾经问我:"难道你认为现在有不靠优化生源而取得优异教育成就的学校吗？"我当时回答："当然有！比如杜郎口中学！我非常敬佩的崔其升校长，一不挖优生，二不撵差生，踏踏实实地搞课堂改革，从最后一名抓起，十年磨一剑，终于赢得了教育质量的辉煌成就。而且成名之后，该校由于地处偏僻，生活条件很差，到现在都还没有像有的名校'一炮打响'之后优秀生源云集的壮观场面，也就是至今他们依然没有'优化生源'，依然教着当地农民的孩子，而且依然一年一年地成绩斐然。这样的名校，我服！"

我现在依然怀着这种敬佩的心情。

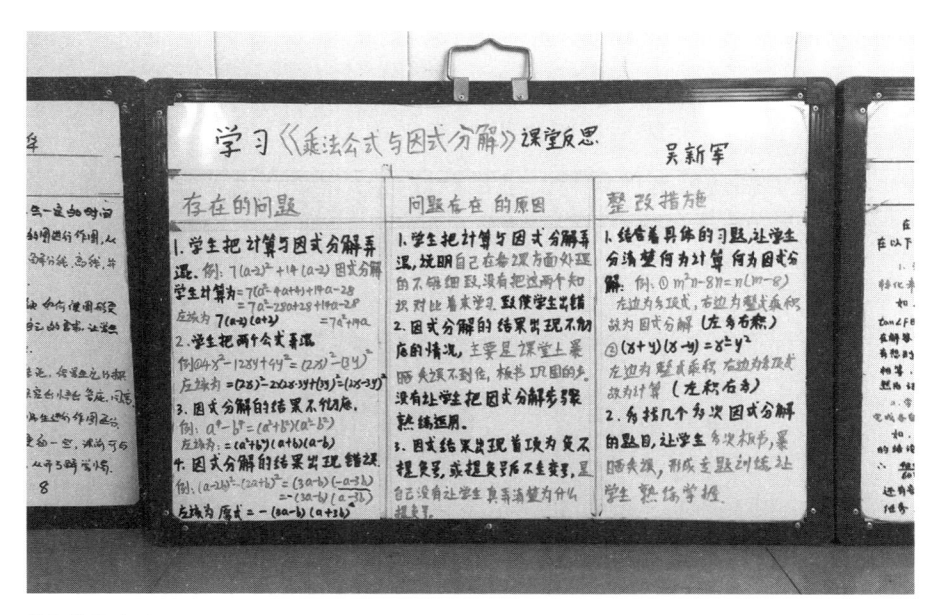

教师的课堂反思

我继续说："第三，杜郎口中学还让我佩服的是，他们并没有停滞不前，而是一直在根据实际情况不断朝前发展。现在外界许多批评杜郎口中学的人，他们眼中的杜郎口中学还是多年前那个用'导学稿'搞'三三六'课堂模式的杜郎口中学，而实际上，崔校长和他的同事们早就没有那样做了。他们的课堂模式已经和过去不一样了，也不再限制老师们只讲五分钟,'导学稿'也取消了。崔校长说过,最初老师讲得太多,限制了学生主体性的发挥,他便强行规定老师在课堂上只能讲多少分钟,后来老师们渐渐养成了尊重学生、让学生多讲的习惯,便不再强行规定了,现在你让老师多讲都不可能了。记得几年前崔校长宣布不再用'导学稿'时,网上还有人嘲笑,说崔其升不得不宣布'导学稿'的失败。其实取消'导学稿'是发展的需要,一切都是为了适应变化了的情况,不同阶段有不同阶段的做法,哪里是什么'失败'?杜郎口中学与时俱进的地方还很多,但不变的是对学生的尊重,是教师的'宗教情怀'和反思精神。"

我接着说:"然而,不管外面如何评价杜郎口,说他们'创造了奇迹'也好,或者'是骗子''神话破灭'了也好,他们总是那么从容淡定,不被舆论左右。说好说坏,杜郎口中学都坚持走自己的路,从不解释,因为行动与成果就是最好的解释。这是杜郎口中学最让我佩服的第四点。"

今年是崔其升到杜郎口中学任校长的第二十年。二十年来,崔校长让

与崔其升校长交流

这所当年教育局曾经打算撤并的薄弱学校成了闻名全国的著名中学。这期间，他们不但经历了教育改革本身的艰难困苦，也遭遇了外界舆论的风风雨雨，但崔校长和他的同事们始终执着于理想，坚持改革，不断前行。无论别人说什么，杜郎口中学始终屹立着。这让我想到了仓央嘉措那几句著名的诗：

你见，或者不见我，
我就在那里，
不悲不喜……

五

张代英校长希望我给杜郎口中学提点不足。我说："我多次旗帜鲜明地为杜郎口中学辩护，是出自我的真诚，那么，今天我也同样真诚地谈点我认为的杜郎口中学还可以做得更好的地方。"

我直言不讳地说："首先，我觉得杜郎口中学整个教学总体上还属于'知识本位'的范畴，刚才我在转课的时候，虽然孩子的发言很大方，很有条理，但几乎每组的课堂分享还是低层次的重复，观点都是一致的，没有不同的，而且都是背稿子。能不能让孩子们脱稿发言？能不能让学生之间的观点有碰撞？能不能让老师也参与孩子们的讨论？能不能在课堂上鼓励孩子们的批判性思维？我听的语文课还是就课论课，学生视野不开阔，没有和社会生活相联系。比如《骆驼祥子》，完全可以结合当今社会讲'当代祥子'。比如，祥子想靠自己的勤劳改变命运而不得，最后堕落了，成了行尸走肉，这是那个社会的悲剧。那么可不可以让学生讨论甚至争论一下：今天的中国，还有没有'祥子'？我认为是有的。是不是每一个人都能仅仅凭劳动改善自己的生活？有时候显然不是。让学生思考这一些，并不是要否定我们国家改革开放取得的伟大成就，而是让他们看到我们的社会还有很多不完善，我们的改革还要继续向前推进。这样学《骆驼祥子》就不仅仅是在学一篇课文，而是在学习思考、学习

学生学习《骆驼祥子》

生活。"

我还特别谈道:"杜郎口中学目前最大的短板是,课程改革还不够。你们的'课改'主要是课堂改革,而真正的'课改'应该是课程改革。这方面,杜郎口中学迈出的步子还不大,而这恰恰是学校下一步继续改革的突破口。当然,这对教师的要求很高。我不忍苛求我们杜郎口中学的老师,他们已经很不容易了。相对来说,他们的人文视野要窄一些,文化内涵要浅一些,但这不是他们的错。但课程改革对教师的要求很高,可以说如果学校要搞课程改革,比如现有课程的整合、不同学科的融合、校本课程的开发、跨界教学,等等,都对教师素养提出了挑战。但迎接这个挑战,老师们可以得以提升。大家可以挖掘杜郎口中学的各种课程资源,包括每一个老师都是课程资源。我想,现在杜郎口中学的课堂改革已经在全国赫赫有名,如果课程改革能够取得成功,更了不起!我希望这是杜郎口中学创造的第二个奇迹,第二个辉煌!"

张代英老师说:"我们的老师非常敬业负责,我希望我们的孩子将来回忆起杜郎口中学的时候,能够说,我的老师是最有爱心的老师!"

我补充说:"而且还是一个特别有学问的老师!还有,我还希望杜郎口中学的孩子以后回忆母校的生活时,能够有更多温馨的记忆。据我所知,杜郎口学生每天体育锻炼的时间是足够的,听说你们前不久初三的中考体测时,成绩都很不错。每天孩子们自由安排的时间也不少,下午放学后到自习课期间是自由安排时间,晚上九点半准时熄灯。因此,学校完全还可以开展更多的活动,让杜郎口中学孩子的校园生活,有更多的色彩,更多的情趣,更多的浪漫!这些都可以通过课程开发和许多活动得以实现。而且这种美好的回忆,不仅仅是属于孩子们的,也是属于杜郎口中学的每一个老师的!"

张校长、慈副局长和老师们用掌声对我的直言表示认可。晚饭时,我对崔其升校长说:"我刚才很坦率地指出了我认为杜郎口中学的不足,并提了建议。"他非常高兴,说:"这才是真正为我们好呢!"

六

晚上,崔校长送我去聊城。在四十多分钟的车程里,他一直在车里给我讲老师们如何让他感动。他说,因为大的政策变了,新的规定出来了,现在老师们的待遇大不如过去,因为学校不能发钱了;但老师们一样的敬业,不计较,不抱怨,一心为学生,一心为工作。"我们学校的老师太好了!"他不住地说。

我问:"你们学校真的就一个发牢骚的人都没有吗?"

他说:"我当然不敢绝对说一个都没有,但如果有,绝对是极个别,而且没有市场,因为我们学校主流的风气是很正的。"

他给我讲了副校长张代英老师的故事。他说,张代英的成长经历坎坷,命运曲折,中学就读这个学校,后来大学毕业又分回母校。"她人特别好,善良、勤奋,总是为别人着想,为工作着想。"他说,张代英怀孕期间坚持上班,一直到上楼流血才发现不对,送到医院马上就生了。产假和暑假的两个月重叠,结果一开学便上班,学校要她休完产假她都不愿意,非要上班不可。一次,崔校长出差回来开行政干部会,说了学校课堂教学的某些不足。其实崔校长并没有批评任何人，只是作为一把手校长分析学校的现状，可张代英当场站起来，说：我是分管教学的，这些不足都是我的责任。中午反思会时，她主动掏出一千元钱自罚。"并没有任何人要她这样做，但她真诚地认为是自己工作没有做好。真的让我感动啊！"崔校长说。

崔校长还给我讲了一个叫刘峰的普通老师，经常在夏天的晚上背上洒药器悄悄地为厕所喷药除蝇。"没人叫他那样做呀！可他就是把学校当作自己的家。"崔校长说，"还有许多班主任自发带上被子，来到学校的学生宿舍和学生一起睡，晚上好照顾孩子们。"

我问："学校有规定班主任必须和孩子们一起睡吗？"

"没有，哪有啊！"崔校长说，"这样做了也不会有任何补贴的，因为现在学校发不出钱啊！"

快到目的地了，我请崔校长一定要保重身体，我说："我记得你很早就患上糖尿病，不要太拼命了啊！"

因为有糖尿病，所以要多休息，这是我的想法，但崔校长却有着相反的看法。他跟我说他年轻时的一段心路历程："我29岁那年查出患上糖尿病时，我把自己一个人关在卫生间里，因为里面没有人，于是我痛哭了好一阵子。我想，为什么偏偏是我患上这个病？我的命为什么这么苦？我想我可能比一般人早一些时日离开人间，不会活到七八十岁，我就应该抓紧每一天多做事，做比别人更多更有价值的事。我来这人世上一遭，对社会、对孩子能多做一点事情，我的生命就有价值。这样我就算只能活50岁，也相当于别人活了100岁。这么多年我就是这么过来的。"

我听了久久说不出话来。一路故事一路感动，和他比，我只觉得自己太渺小。

2017 年 5 月 17 日

▲ 草原女子学校的学生们

▲ 在进行因明学辩论的学生

有这么一所学校
——吉美坚赞学校

我第一次离黄河这么近

从西宁到果洛州玛沁县拉加乡不过三百多公里，我原来想也就是两三个小时的车程，就算路况不好，半天时间也够了吧！谁知我们竟在路上颠簸了一天，其间翻了六座山，早晨出发，傍晚到达，真正是"朝发夕至"。

快到拉加的时候，已经是傍晚。车在山路上盘旋，刚拐一个弯，突然看到山下一条缓缓流淌的河——群山环抱中，一弯黄河在余晖中闪闪发亮。

司机说："拉加到了。"

这次我是应《中小学管理》杂志社邀请，前往吉美坚赞学校考察。该学校坐落在青海省果洛州玛沁县拉加乡。

当晚，我们住进黄河宾馆。说是"宾馆"，却完全名不副实。没有洗手间，不能洗澡，没有热水，冷水也是定时供应。

晚上想出去转一下，但一出门，泥泞的路面让我寸步难行。不过抬头望去，夜幕上的月亮格外明亮，月光投射在黄河上，整个黄河都明晃晃的。

宾馆离黄河仅20来米，我第一次离黄河这么近。深夜，关灯躺下，四周一片寂静，耳边仿佛总回荡着黄河的流水声。

我更急于看到吉美坚赞学校的孩子了

很早便起来了。没有水，用湿巾纸擦擦眼睛，擦擦脸，算是"洗脸"了。

一出门便是黄河大桥。虽然路面泥泞，但已经有三三两两或三五成群的孩子走过。这些孩子大多穿着校服，背着书包，一看就是上学去。

我招呼一个独行的孩子："你好！"

他抬头看着我，有些羞涩，不说话。

我问："你在哪个学校读书呀？"

他想说，嘴唇动了动，但还是没发出声音，用手指指胸前。

我看上面印有学校的标志和名称："拉加藏文学校。"

我明白了，估计他汉语还不够好。

我摸摸他的头，他笑了。

我站在桥上，迎面走来一群群孩子，有的手牵着手，有的追逐打闹。

吉美坚赞学校校园

我给迎面而来的孩子照相，一拨一拨的孩子都在我的镜头中定格。有的孩子躲避着从我身边飞跑过去，但更多的孩子很大方地对着我笑，还有孩子做鬼脸。笑声在黄河上飘荡。

我知道，这些孩子还不是吉美坚赞学校的学生。但看着这些可爱的孩子，我更急于看到吉美坚赞学校的孩子了。

上午八点左右，太阳已经升起。阳光越过山巅，照进拉加寺，寺院顶端便放射出金光。寺院旁边便是吉美坚赞学校。我们在校门口下车，我回头看了看，学校门口是公路，公路的那一侧便是黄河。

一进校园，便看见一幢幢整齐的平房，以及平房前一群年龄大小不一的学生，他们友善地看着我们，脸上挂着微笑。还有不少学生捧着书，摇头晃脑，口中念念有词在背诵着什么。

远处，是高远辽阔的蓝天；蓝天下，是高高的山峰；山峰下，是整洁的校园；校园里，是纯朴的孩子。

一切都是那么单纯，简洁，透明，清爽。

吉美坚赞学校的学生们

这里的"择校热"一点不亚于北京上海

还没来吉美坚赞学校之前,我就听说过这所学校,我知道吉美坚赞是一个僧人,却办了一所了不起的学校。我从21世纪教育研究院2011年第2期简报上了解到——

学校的创办人吉美坚赞,1965年出生于果洛州的普通牧民家庭,年轻时因家庭贫困而失学,接受过青海民族学院和佛学院的教育,后放弃在北京的工作机会,回到家乡发展教育,1994年创办了全青海第一所民办学校。

创办17年来,吉美坚赞学校从最初的85名学生发展到目前在校生803名,生源来自青海、四川、甘肃、西藏四省区的48个县。在已毕业的561名学生中,上大学的207人(29人到国外读书),医生17人,教师69人,寺管79人。毕业学生分别考入西藏大学、青海师范大学、西北民族大学、青海民族学院、西藏社科学院英语班、青海民族师范专科学校、果洛州卫生学校、甘南州技术学校等院校,部分僧人毕业后回到自己的寺院继续深造,还有10多名毕业生回到母校任教。

2001年4月,经州教育局审批,学校更名为"吉美坚赞民族职业学校",致力于发展民族地区的特色职业教育。学校分为基础文化部和职业高中部,学制均为3年,涵盖了公立学校小学到职高的教育内容。职业高中部设有藏语高级班、藏医、工程(藏式)建筑、唐卡绘画、计算机5个专业,目前400多名在职业高中部就读的学生,均享受生均每年1500元的中职教育补贴。

吉美坚赞民族职业学校是当地唯一一所僧俗融合、学生年龄不一的男校,目前800名学生中,约有僧人280名,学生年龄最小的10多岁,最大的30多岁,为少年失学的成人。学校不收任何学杂费和住宿费，孤残儿童、特困儿童还可以得到适当补助。

《中国青年报》2011年5月24日有一篇报道这样写道——

因为是全青海第一家民办学校，有人怀疑吉美坚赞是不是为了赚钱。事实恰恰相反，学校在办学之初就确定了一条原则：一律不收任何学杂费和住宿费，凡孤儿、残疾儿童、特困儿童还可以得到适当补助。

为了让没有进过学校门的藏族孩子能够适应藏汉英三语教学，在教材选取上，吉美坚赞和老师们费了一番心思。汉语学习，要求6年完成国家九年制义务教育统编教材的全部内容，藏语除了学习传统经典，他们自编教材。办学十几年里，拉加学校开发了9种课本。英语则选用了青海民族学院专门面向藏区的课本，雪山、牦牛、草场，这些藏族孩子熟悉的生活场景在课本中随处可见，亲近感让学生学起来很有兴趣。

独特的教学方式，让这里的学生6年后毕业时能够熟练运用藏语基础知识进行写作。十几年来学生们还在藏区的各类报刊上发表了3000多篇文章。甚至有人评价这里的毕业生藏语应用达到大专水平。

让拉加学校名扬藏区的是2001年的高考。当时第一批学生6年学习期满即将面临毕业，吉美坚赞几次找到玛沁县和果洛州的教育部门，为他的学生争取到了参加高考的资格。

成绩出来后，吉美坚赞舒了一口气，当地教育部门吃了一惊：该校5名学生参加了大学考试，结果全部考上了青海民族学院、西藏医学院这样的大学。此后，连续几年，拉加学校的学生参加高考，达到大学录取线的一直都在百分之六十以上。

目前，拉加学校的561名毕业生中，上大学的有207名，有一批人已经成为医生、教师、寺管等。让吉美坚赞最得意的是有4名毕业生开始开办自己的学校，把这里的教学方式散播开去。

《中国青年报》这篇报道的标题是《青海果洛：牧民择校也"疯狂"》。这个标题一点没有夸张。吉美坚赞学校现在是许多牧民心中的名校，2011年开学前来报名的学生达1000多人，但学校每年只能招收200多个学生，既不能收择校费，又不能考试选拔，只好采取"先来后到"的办法录取学生。有的孩子已经连续三年来报名，就优先录取；接下来录取连续两年来报名的；剩下的就只好明年再录取。即使这样控制，拉加学校目前还有一部分学生借住在附近居民家里或是寺院中。不少孩子要等三年才能上学。

可见这里的"择校热"一点不亚于北京上海。

这是真正的大智若愚

吉美坚赞迎上前来，和我们一一握手："欢迎欢迎！"并亲自给我们每一个人披上哈达。

他身披红色僧袍，脸色紫里透红，坚毅中含蕴慈祥，戴着近视眼镜，镜片后面是一双睿智的眼睛。平头短发中，已经有不少白发，这让四十多岁的他，看起来像五六十岁的人。当然，他的显老不只是或者说主要不是因为他的白发，而是他的神情，总有一种智者气质和长者风范，让我们想起"德高望重"四个字。

他把我们一行人迎进一间会议室。坐下，泡好茶，开始给我们介绍他的学校。下面是我的记录——

>欢迎大家！希望得到大家的指导！大家可能已经从报纸杂志上对我们学校有所了解，所以基本情况我就不多说了，我就谈谈我的一些想法。

吉美坚赞为我们做介绍

  我们学校是1994年建的。是青海省第一所私立学校，也是藏区最早的民办学校。当初也没有想民办学校怎么办，我只是有些想法。我去过许多寺院学习，在这些受教育过程中，我感到藏区的教学方法和模式应该改进，应该将传统和现代结合。藏族没有专门的学校，都是寺院教育，所有的学问都是从寺院传下来的。但寺院的教育中没有现代科技知识，所以我们这个学校就是追求现代和传统结合的方式。

  现在看来这个教学比较成功。我们这个学校毕业出去的，有当老师的，有上大学的，各个阶层的都有，僧人也有，到寺院去教学的，自己去办学的。毕业生发挥的作用社会都比较认可。学生参加高考成绩也不错。特别是藏文的水平，虽然时间短，但教学成果很好。我们现在已经毕业了683个学生，其中僧人272人，非僧人411人。今年毕业122人。以前是小学和初中，教学模式是六年制，后来办了职业高中。现在分为文化部和职业部，依然是六年，有藏医、唐卡绘画等六个专业。现在有207个毕业生是大学生了，还有去国外留学的。有56个人当老师，17名学生办医院，去寺院做管理的79个，经商的28个。

我们学校学习气氛非常好。我最早请的是北京的老师，还有甘肃、四川、拉萨的老师，这些都是社会上比较认可的老师，我也都请来。我对老师的道德要求比较高。老师不仅仅要知识好，更重要的是要道德好。一直到2007年，我们的公办教师只有7个，其余的都是不拿工资的，完全是无私奉献。学生首先被老师感动。想来我们学校的老师很多，但能进来的老师很少，因为我要求很严格。

最早办学校的时候也想过收女生，但是拉加寺有规定，女生不能进来，所以我们尊重这些规矩，没有收女生。2005年我在另外一个地方办了女校。我认为，女童的教育是母亲的教育，母亲的教育是人类的教育。要改变人的素质，最主要是从孩子开始抓，特别是要有很好的母亲。为了这个，我办了女校。女校全是适龄儿童。我们自己编课本。

我对教师的要求首先是道德是人品。教师的素质，特别是无私奉献的精神，是我最看重的。

我们的学生从二年级开始学因明学。因明学本来是在寺院学佛经，很难学。前人用辩论的方式学，这种学习方式传来下，成了藏区一个很系统的办法。我把因明学的辩论用到了教学上。我这里所说的因明学的辩论和大家所知道的辩论是两码事。问的方法和答的方法不一样，怎么问怎么答，因明学都有整套规则。学科不一样，辩论的方法也不一样。只要懂了规则，什么都可以辩。为了回答一个问题，要考虑方方面面。如果你不懂这套方法，是没办法辩的。我懂规则，你们不懂，也辩不起来，没办法辩。因为思维方式都不一样。辩论是一个非常高深的学问。我用汉语有时候还没有办法辩论，因为没有相对应的词和概念。我们的学生每天上午下午都要辩论一次，目的是锻炼思维，而不是胜负。

……

吉美坚赞从容不迫，娓娓道来，宛如一个老农在谈论他的庄稼。他的汉语很流利，但说到一些话题，特别是因明学，他感到有些概念难以准确用汉语表达，所以显得有些迟疑，甚至结巴，但这更显出他的纯朴憨厚。

我知道，这是真正的大智若愚。

我从没看到过如此自觉投入的学生

听了吉美坚赞的介绍，我很震惊：怎么三年就完成了从小学到初中的教育，而且教学质量那么高？简直就是"神话"！他们的课是怎么上的？

因震惊而好奇，我们走进了吉美坚赞学校的课堂，最想听的当然是因明学课。对因明学，我们都感到非常神奇而神秘。于是，我们一窝蜂地来到因明学课堂。

走进教室，黑压压一大片，估计有100多学生，仔细数数，每排10人，共13排，最后一排缺2人，共128人！从外表就可以看出，学生的年龄差距很大，其中有相当一部分学生留着光头，披着红色僧袍，表情肃穆；也有不少十几岁的孩子，同样表情肃穆。我们的到来，让他们有些好奇，回头看着我们。但很快他们便把目光转向讲台，讲台上坐着同样身披红色僧袍的老师。

老师坐在讲台上，气度从容，声音洪亮，完全是一副高僧风采大师气质。他一边讲，一边大幅度地挥着手势，时不时右手掌从上而下猛击左手掌——在我们看来就像是击掌，后来才知道这是因明学辩论的典型手势。台下的学生目不转睛地看着老师，时而爆发出笑声。

因为说的是藏语，我们完全听不懂，但可以感受到学生们的专注与投入——坐后面的好多学生为了能够看到老师，都偏着脑袋朝向前面的讲台，一双双眼睛特别明亮。

因明学课堂

看了一会儿，我走出了教室，马上被隔壁教室里一阵阵轰轰烈烈的齐读英语单词的声音吸引了。说是"轰轰烈烈"一点都不夸张，那气势就像部队里战士拉歌，瓮声瓮气的。我循声来到窗口，看到里面讲台上站着一位高大壮实、身披红袍的僧人，一手指着黑板上的英语单词，另一手像打拍子一样地引导学生们朗读。大小不一的每个学生无比大声地朗读着，那声音一听就是倾尽全力从心底发出来的。

我又来到一间正在上汉语课的教室，老师正在讲《弟子规》，学生们翻开教材朗读。我拿起一本教材看了看，里面有《三字经》之类的传统篇目。还有一本教材是专门为藏区学生编的汉语读本，是以对话体裁的方式将汉语常用会话呈现给学生，有点像中国人初学英语用的那种教材。

我们来到唐卡教学班。里面坐着8个学生，每一个人都正在专心致志地画着。黑板上有老师的示范画，不多的线条勾勒出人物的曲线。不一会，老师拿着一个学生的画，给大家点评着。藏族文化之一绝的唐卡就这样传承着。吉美坚赞告诉我们，这个身披僧袍的唐卡老师就是本校毕业的，是他们自己培养的老师。

英语课堂

突然，沙培宁老师很激动地过来要我们去看藏医教室："哎呦！太投入了！太不可思议了！"她一边说还一边把头使劲有节奏地点着。我赶紧找到藏医教室，哇！真的令人震惊——教室里没有老师，只坐着10名学生，每个人都对着胸前桌面上翻开的书在大声朗读，好像在比赛谁的声音更大，一边读一边摇头晃脑。特别是靠门口的那个光头学生，整个上半身都随着朗读的节奏前倾、抬起，再前倾，再抬起，他大大的光头自然也随之朝前朝下一点一点，宛如鸡啄米。刚才沙培宁老师模仿的就是他。

我问吉美坚赞："这些学生在读什么呢？"他说："是藏医书上需要背下来的知识。"我又问："怎么教室里没老师呢？"他解释道："藏医老师今天外出参加培训去了，学生就自习。"

此刻，我写到这里，耳边还回荡着藏医教室里学生参差不齐但声震如雷的读书声，眼前还浮现着学生全身晃动的身影。从教近30年，在这之前，我从没在任何学校任何教室看到过如此自觉投入的学生。

我们听得非常认真，可依然云里雾里

这里一节课是60分钟。下课了，我们站在校园里围着吉美坚赞，向他请教因明学，请教因明学的辩论和我们一般的辩论是不是一回事。

"不是一回事。"他拿着一块小白板给我们讲解因明学辩论的基本常识。

他在小白板上一边写一边给我们讲着："第一步，净事，就是要辩什么。第二步，后陈……"他在黑板上写下了一系列术语，什么"因"什么"认"什么"相违"……

尽管是常识，尽管看得出来他是尽量讲得通俗，尽管我们好奇心和求知欲都很旺盛，尽管我们听得非常认真，可依然云里雾里，半懂不懂——其实，连"半懂"都谈不上。

我们问怎样才能学会因明学，他笑了："首先得懂藏文。"我的天，他淡淡的一句话，就把我们排除在因明学大门之外十万八千里！

"因明学辩论中有的概念汉语没有。"他说。

我们问："一会儿学生的辩论是辩论刚才上课所学的知识吗？"

他说："有，但不完全是。"

吉美坚赞给我们讲解的时候，周围里三层外三层簇拥着黑压压的孩子，他们好奇地看着我们，也许他们真的很好奇：怎么这么简单的东西，校长讲了一遍又一遍，这些客人还不懂呢？

阳光下最豪迈奔放的辩论

每天上午的大辩论开始了。

没有老师组织，完全就是习惯，全校学生都聚集在了教室前的一大片空旷地带。先是一对一的辩论——一个学生坐在地上，另一个学生站着，这样面对面地辩论。站着的那个学生显然是主动发问者，坐着的学生应对问答。总共八列长阵，其中每两列一站一坐面对面辩论，场面蔚为壮观。

我在辩论队列中穿梭着，依然听不懂他们在说什么，但我能够感到每一个人都在全身心地投入。特别是站着发问的那个学生，居高临下，昂头挥手，口若悬河，气势如虹。每当发问，他的右手先高高扬起，然后呼啸而下，猛击在已经摊开的左手掌上，啪的一声，真是排山倒海！然后右手掌快速擦过左手掌朝前又是一扬……

哎呀，这么潇洒的动作，是什么意思呢？

一位身披僧袍的老师告诉我："左手掌表示地狱之门，右手掌表示智慧，右手掌朝下击左手掌，表示劈开地狱之门，把智慧传递过去。在辩论中，这个动作表示向对方发问。"

我看坐着的孩子常常把右手背重叠在左手心上，并点头。他解释说："这表示不同意对方的话。"

可他们究竟在说什么，或者说因什么话题而辩呢？

老师告诉我，有的在辩论"白马是不是淹死的"，有的辩论"菩提有没有"，有的辩论"诗歌是修辞重要还是内容重要"……啊呀呀，都是很"虚无"的问题呢！

再仔细看辩论者的表情也很意思。每一个人都想说服对方，都很激动，挥臂，顿足，摇头，摆腰……这使辩论不仅成为嘴的运动，而且成为全身的运动。有个站着的发问者是一个十来岁的小孩，他对面坐着的是一个四十多岁的僧人，面对孩子的连连发问，我看那僧人难以应对，想说什么又说不出，急得不行。

一对一辩论结束后，又开始了一对二、一对三、一对多的辩论。刚才体操一般的队形，一下变成了几大堆人群。每一堆都是一组辩论。往往是十几二十几或更多的人围坐着，一个或两个或几个人站着，两军对阵，唇枪舌剑。

有一个身披僧袍的瘦高小伙子，面对下面围坐的对手，慷慨激昂，浑身颤动，眼神微闭，满脸不屑，"书生意气，挥斥方遒"。搭在肩上的长袍随着他挥舞的手臂不停地飘逸，如同红云掠过天空。这哪里是辩论？简直就是舞蹈!

但这的确是辩论,这是阳光下最豪迈奔放的辩论,有着"沙场秋点兵"的磅礴气势。青春的声音在黄河边激荡,越过群峰,冲向蓝天。

因明学辩论会

我的眼睛突然湿润起来

11点,辩论结束,学生们又要开始上课了,我们离开了拉加乡前往女校。

1994年开始办学时,为了尊重信教群众和拉加寺教规,吉美坚赞没收女生。但是经常有牧民要求把自己的女儿送来读书。所以到了2001年4月,地方政府批准吉美坚赞再创办一所女子小学——但只是批准而已。办学资金从何而来?吉美坚赞四处筹集资金300多万元,2005年拉军草原女子学校正式开学。

女校离拉加乡的男校有40多公里。我们的面包车在公路上艰难地行进着。窗外,是几乎望不到顶的山,路面崎岖不平,车摇晃得不行。我想到了"穷山恶水"四个字。何况这里至今不通水电,连手机信号都没有。大家都感慨，谁都不会想到有人会在这几乎与世隔绝的地方办学。

都走了一个多小时了，可这 40 多公里居然还没走完。窗外掠过一座座光秃秃的山，大家昏昏欲睡。

突然，远方出现了一座特别美丽的山峰。蓝天下，卓立的孤峰特别耀眼，特别是峰顶的绿色树木，给这个世界平添了无限的生机，也让我们精神为之一振。

车继续往前开，峰回路转，我们眼前呈现一片开阔的草原，那山峰依然赫然醒目，而且越来越近。再仔细看，山峰下坐落着一排排造型简洁的房子。

原来，这就是吉美坚赞的女子学校。

太美了，太美了！

没有围墙，没有校门，整个学校就躺在蓝天下，孤峰旁，草原上。

我们的车缓缓驶入校园——其实，校园和草原已经融为一体。我用眼睛贪婪地饕餮着阳光下无边草原的景色。

突然，我看到窗外远处有几个女孩子伫立着，对我们前倾上身，有

女校

的女孩子甚至是俯身，一动不动，雕塑一般。这是在做什么？我还没反应过来，就又看见，远远近近，有的是单个，有的是三五个，一律朝向我们呈鞠躬的雕塑状。

我突然意识到，她们在向我们鞠躬，她们以这种方式向我们表达着敬意！

车一直开到校园里面，越来越多的"雕塑"在路边迎接着我们。

太让人感动了！我的眼睛突然湿润起来。

欢迎我们的女校的学生们

吉美坚赞纯真得就像个小孩儿

吃完主人为我们准备的丰盛午餐，吉美坚赞陪着我们转校园——其实就是在草原上散步，学校和草原是没有间隔的。

他带着我们走近那座神奇的山峰，说："这是神山！"他指着半山腰的一些窟窿，说："那是高僧们打坐的地方。"

我们仰头看去，因为距离更近，山峰显得更加高大巍峨。山峰之上是深不可测的湛蓝天空，几只苍鹰在山顶盘旋，更增添了山的神性与灵气。

我们和吉美坚赞闲聊着：关于教育，关于信仰，关于善良……他像老农民一样，不紧不慢地聊着，语言朴素，但意蕴深刻。比如他说到宗教的意义："人终有一死，有宗教信仰也会死，但有这个和没有这个精神上是不一样的。比如，面对歹徒，一个小孩会本能地躲到妈妈身后，其实这个动作也不能救他，但那时候他有一个精神支柱；又比如在战场上，面对强大的敌人，我们会紧握手里的枪，也许最后我们还是打不过敌人，但我们手里的枪就是我们的信仰！"

阳光慷慨地洒在我们身上。我们以神山为背景，坐在草地上，围着吉美坚赞合影。

他指着草地上一片蓝色的花，说："多美！"我们一看，是喇叭花。

他弯下腰摘了一朵小花，用嘴往花儿里吹气，然后用两只手的手指分别捏住花瓣和花茎，花儿就成了一个小气球。吉美坚赞猛地两手一碰，"啪"的一声，"气球"破了。他开心地笑了。然后他弯腰又拔起一朵小花儿，教我们做"气球"……

那一刻，吉美坚赞纯真得就像个小孩儿。

和吉美坚赞讨论因明学

蓝天下最美丽的学校

我们围坐在草地上，和吉美坚赞讨论因明学辩论。

我们开始想当然地认为，他学校的辩论，作为一种教学方法就像是孔子讲学或苏格拉底式的方式，或者就像是我们一般的辩论，结果不是。吉美坚赞告诉我们这种辩论是有着自己独特逻辑体系的辩论。

"学校在一座山的旁边。这可以辩论吗？"我们问。

"不行的。因为这是事实。"

"6加6等于12可以辩论吗？"我们又问。

"可以的。因为这个6你没有说明是正数还是负数，所以可以辩论。"

他以"水"为例："茶水是不是水？"

我们说："是。"

"不是有茶叶在里面吗？"

"但是总体上还是水呀，只是有茶的混合水。"

"那么，酸奶是不是水呢？不也是混合物吗？"

这把我们问住了。

我问："那您怎么给水下定义呢？"

他说："水是一刻都不停变化的法……"

我没有听懂："什么'法'？"

他好像不知道怎么才能给我解释清楚，踌躇了一下，说："就是，就是一个固定了的物。"

我好像懂了，但我说："不对，一刻都不停变化的不仅仅是水呀。"

我觉得他这个概括不合逻辑。

他笑了："你用的是你那个思维，你没有进入因明学的系统。"

我知道，我们所知道的一般的逻辑和因明学的逻辑有着不同的思维规则。

他又问："什么叫山？"

我说:"山就是固定不变的土。"

他马上指着地上一块土问:"这是山吗?"

"当然不是。"

"可这不也是固定不变的土吗?"他笑了。

我问:"那山应该怎么说?"

他又笑了:"你们没进入因明学的系统,是很难理解的。"

这下我们都急了:"因明学的系统,怎么才能进入呢?"

"必须系统学习因明学,还要学藏文。"

看来这个因明学的确深不可测。

我们和吉美坚赞聊着深奥的因明学,远处的女孩子们做"老鹰抓小鸡"的游戏,"老鹰"突然向"母鸡"后面的"小鸡"们扑去,惊得"母鸡"后面的"小鸡"们一阵尖叫和一阵乱跑。笑声随之飞扬起来。

多年前,我读苏霍姆林斯基的著作,被他所描绘的"蓝天下最美丽的学校"所感动。今天,在这里,我才真正亲眼看到蓝天下最美丽的学校!

学生们在玩老鹰抓小鸡

一切都是那么纯净

上课了。

我走进一间教室,老师还没来。孩子们都坐在座位上静候老师。我身边的女孩子却站着。我以为她是班长,或者是值日生,但她一言不发,一直静静地站着。我一下意识到,她是因我而站着——我是客人,她以此向我表达尊敬。我拍拍她的肩:"谢谢你啊!请坐下吧!"她坐下了。

这时候,吉美坚赞走了进来,他见老师还没来,便问孩子们:"你们学到哪一课了?"

孩子们说:"《百果节》。"

"好!大家翻到课文,朗读吧!"吉美坚赞说。

顿时,教室里回荡着孩子们朗读课文的清脆童音……

我又来到一间教汉语的教室,老师讲成语故事三则,他正在问同学们知道哪些含有神话的成语。老师一提问,满教室的孩子都举起小手,

学生们在汉语课堂上

"愚公移山""精卫填海""嫦娥奔月"。

每当一个同学答对了,其他同学都齐声说:"棒、棒、棒,你真棒!你是我们的好榜样!"一边说还一边双手竖起大拇指对着那个同学。

上课的这位老师是个小伙子,从河南来的。他说他来这里不到半年,却在这里感到了一种纯净。

是的。这里远离尘世,不通水电,没有电视,手机也没信号,但正因为如此,才避免了"现代文明"的污染,一切都是那么纯净。

下课了,辩论开始。

和上午在男校看到的一样,女孩子们聚集在教室外的空旷地带,开始辩论。别看她们是女孩子,可辩论起来一样手舞足蹈,和男生不一样的是,她们头上的数不清的细辫子随着她们的辩论不停地飞舞。

蓝天下,神山旁,几百个女孩子在激辩着,阳光洒在她们的脸上,洒在她们的身上,她们显得特别美丽。

孩子们都潮水般地向我们涌来

辩论结束后,全校师生聚集在操场上。身着美丽的藏族民族服装的女孩子们为我们跳起了藏族舞蹈。蓝天做幕布,草原为舞台,太阳是灯光,风声即音响……世界上还有什么比这更壮美的演出场地?纯净的歌声,红润的脸蛋,婀娜的身材,柔曼的舞姿……这一群纯朴的藏族少女让我们每一个人都陶醉了。

不得不离开女校了。刚才操场边整整齐齐观看演出的队列一下乱了,孩子们都潮水般地向我们涌来,向我们告别:"再见!""再见!"每一个女孩子的脸上都闪烁着阳光,她们的笑容也如阳光般清澈而明媚。单纯的她们不会说什么动听的语言,只是不断重复着"再见",不断地向我们挥手,不断地朝我们笑……

我实在忍不住,流泪了。我看见沙老师也流泪了。我相信,我们每个人的情感潮水此刻都在撞击着胸膛。那一刻,我想起了小时候读过的一篇散文《依依惜别的深情》:"请收起眼泪吧,亲爱的、可敬的人民!你的泪是这样倾流不止,已经洒湿了你们的国土……"

一拨一拨的女孩子还在向我们涌来,我们的车就在这"潮水"的拍打下缓缓前行。我们也不断向她们挥手:"再见!"

车已经开出校园,但我们还靠着车窗回看着远处的孩子们,已经看不清她们的面容了,但我们能够看到她们还在给我们挥手,挥手……

他们的面部有一种雕塑般的坚毅

我们又回到拉加乡,又走进吉美坚赞学校的男校。他们每周星期四下午四点,都要举行知识竞赛。今天刚好是周四,我们匆匆赶回来,是为了看这个知识竞赛。

知识竞赛在一间大屋子里举行——我不知道这间屋子应该叫"会议室"呢,还是"演讲厅"。就功能来说,都是;就设施来说,都不是。不过就是一间空旷的长方形的屋子,一侧有简易的台子。

没有座椅,全校数百名学生全都席地而坐,一排排一列列,整整齐

参加知识竞赛的学生们

齐，密密麻麻。屋子的采光不太好，我在主席台上看去，下面的学生们黑乎乎的。但仔细一看，可以看到每个学生都肃穆地望着台上。有几缕阳光斜斜地从窗口射进来，打在学生们的一侧脸上，让他们的面部有一种雕塑般的坚毅。

竞赛开始前，吉美坚赞要我们这一行人给大家说几句话，每个人都要说。轮到我时，我说："我来自四川……"吉美坚赞马上大声问下面："请来自四川的同学举手！"下面一下子举起了好多手臂。我一下感到亲切起来："好好，没想到在这里遇到这么多老乡！我代表家乡人民向你们问好！"然后我说："我是成都市武侯实验中学的一名老师。一天的参观，让我很感动，很幸福！我没有什么送大家的，就送大家一句话吧，这句话是我们学校的校训，叫'让人们因我的存在而感到幸福'。今天我们因你们而感到幸福，我想今后你们会继续让更多的人因你们而幸福。愿这句话伴随你们终生，给你们的人生带去源源不断的幸福！"

说是"知识竞赛"，其实是什么都有的"大杂烩"：有上午我们看到那种形式的一对一辩论，有汉语辩论，有历史知识、法律知识、科普知识的问答，还有英语对话、现场绘画、小品表演等。让我特别赞赏的是，这样的"知识竞赛"，并非由各班层层选拔出"优胜选手"参加的"总决赛"，而是全校每一个学生的轮流展示。这真的就了不起了。

每一项竞赛都有时间限制，时间一到，便有学生按响铃声。然后是评委亮出评分。评委成员有老师有学生，我们也被邀请担任评委。

如果在平时，看到这些孩子们——说"孩子们"其实不准确，因为好多学生都三十多岁了，他们的表情憨厚，言谈木讷，但一到台上，却一个个生龙活虎，充满灵气。他们的辩论是用藏语，我们听不懂，但从他们的表情上，从下面学生不时爆发的笑声里，还是能够感到双方的雄辩以及辩论过程的情趣。相比之下，英语辩论我还能够听懂一些单词——当然，就我现在的英语水平，要完全听懂他们说的内容是不可能的，但我从辩论者的发言中，很惊讶地发现，他们英语口语的流畅程度，完全不亚于我所见过的汉族学生。

汉语辩论颇有意思。一个瘦瘦的男生首先发问："你认为现在是继承传统文化更重要呢，还是学习现代文明更重要？"另一个胖乎乎的小圆脸男孩答："我认为，是既继承传统文化，又融合现代文明更重要！"他的回答激起掌声。

后来，小圆脸又问对方："你到这里来学习，是你自己的愿望呢，还是父母要你来的？"瘦男生说："是我自己要来的。"小圆脸追问："为什么呢？"对方答："因为到这里能够学到真正的藏族文化。"

接下来的绘画比赛以及各类知识抢答，都很精彩。活动的高潮自然是最后的小品表演。有单人相声式的表演，有几个人一起的表演。说的都是藏语，但他们的表情和动作，依然让我们忍俊不禁。有一个节目给我的印象特别深，是一个男生表演的。一件长袍，一顶毡帽，一副墨镜，一下就让这个藏族小伙子成了赵本山，举手投足，都激起全场哄堂大笑。

那一刻，我感到，每周四下午的知识竞赛，其实是一次全校学生的狂欢节。

"大方向始终是正确的！"

傍晚，吃饭前，吉美坚赞又领着我们转校园。

路过学生宿舍时，我们随意走进一间，看见里面十分整洁，学生看见我们，都自然地站起身对我们微笑。

在校园里，所到之处，都能够看到一些学生在捧读，他们或边走边读，或蹲在一角，默默诵读，旁若无人。

不少学生看到我们，都给我们行鞠躬礼。我问吉美坚赞，是不是因为今天有客人，学校要求他们这样做？他愣了一下，可能是没想到我会这样想这样问，然后笑了，觉得我这个问题很好笑："要求什么呀！这都是最起码的礼貌嘛！和你们来不来没有关系。"

看见操场上有学生在打篮球，吉美坚赞走过去，他拿起球，很认真地投篮，结果没中。大家善意地笑了。我说："大方向是正确的。"他不甘心，又投，如是者三，结果依然没中。我说："很好！大方向始终是正确的！"他有些不好意思地憨笑起来。

来到一张乒乓球台前，我和吉美坚赞打起了乒乓球。几个来回，居然和他不分胜负。我的球比较绵，我不轻易进攻，但喜欢左突右推，让对方失误，或者通过发旋球让吉美坚赞接不住——他果然屡屡失分。吉美坚赞比较喜欢进攻，动不动就扣球。虽然好些时候球都平行于桌面飞到我身后，但也有几个球扣得我招架不住。

来到田径场，吉美坚赞指着一大片空地说："我们不缺地啊，有五百多亩呢！可是缺钱啊，所以无法建新房子。我们的教室不够，所以只好把两个班装在一个教室里，所以你们今天看到一个班里有一百多人。唉！"

吉美坚赞的叹息，让我们的心也沉了起来。

"我就培养好人"

吉美坚赞请我们在学校食堂吃晚餐。

菜是非常丰盛的，但更丰盛的是和吉美坚赞聊天时，他给我们提供的精神大餐。明天就要分别了，我们都珍惜这分分秒秒，总想听吉美坚赞多给我们说点什么。

谈到当初办学的初衷，吉美坚赞说："很多僧人对传统藏文化了解很深，却完全不接触现代文明和科学知识；社会上的人倒是被现代文明熏陶，却不了解藏族传统文化。所以，我当初申请办学，就两个目的：一是让僧人学会现代知识，了解现代科技；二是让藏族的俗人学会藏族传统文化。"

我们都感慨，吉美坚赞这个想法是很深刻的。

"为什么后来要办女校？因为这是人类教育的根本。"吉美坚赞说，"女童的教育是母亲的教育，母亲的教育是人类的根本教育。"

我想到这几天和我同寝室的曾国华老师说，他上午和一个女孩聊了一会儿，那女孩本来是在外地普通高中读书，后来特别转到这艰苦的学校。曾老师问她为什么要转来这里读书，她回答："我不了解自己民族的语言文化，我一生都要后悔的。"

是不是所有的藏族学生都有这样的情怀？

吉美坚赞谈到他培养出来的学生中，已经有四个现在也在藏区和他一样办学，特别开心，脸上绽放出孩子才有的笑容。

他说："我这个学校，不培养当官的，不培养今后想出人头地的，想当官的想出人头地的别到我这学校来。我就培养好人，教学生学会做人，做一个对社会有用的人！"他反复说："有人以为我这学校是教宗教，不是的，我不教宗教的东西，主要是教人做人。"

这些话平白如水，但在我们听来，却掷地有声。我到过许多学校，听过许多专家的报告，开口闭口说"理念"的太多了，动辄就要培养"走向世界的现代中国人"的校长太多了，可这样朴实地说"就培养好人"的校长，太少，太少！

"幸福就是知足，就是问心无愧"

大家都觉得吉美坚赞太累了，尤其是他今天身体本身就不舒服，所以不忍让他多说话，但吉美坚赞好像特别高兴，越说兴致越高。

说到教师的标准，他说："我对老师的要求首先是必须要有高尚的品德。这是最重要的。我们的学习风气为什么这么好？因为学生们都看着老师们无私奉献呢！"

这在我们很多人看来是不可思议的。特别是对有些"教师"而言，他们简直就想不通。

吉美坚赞说："一个西宁的女同志，五十多岁，以前在省政府工作，后来主动要求到这里来教书，她来这里工作一段时间后说，她在这里找到了真正的幸福！"

我想到，上午我们一行中的一位校长问学校一位老师："你认为什么是幸福？"这位老师很平静地说："幸福就是知足，就是问心无愧。"

没有豪言壮语,却让我们的心灵震荡。

我又想到早晨,我曾问吉美坚赞:"老师们大多是志愿者,不领工资,那他们怎么生活?"他说:"学校解决吃住呀!"

有饭吃,有住的地方,够了。除此之外,这些志愿者就没有任何要求了。

我很自然地想到前不久我在博客上转载了王旭明的一篇博文《有一种教师不配过节》。王旭明对教师中个别缺乏师德的教师提出了尖锐的批评,说他们不配被人尊重,不配过教师节。

让我惊讶的是,居然有不少老师在后面的评论中,驳斥王旭明的观点,大意是说王旭明"站着说话腰不疼""教训全国老师"(本来王旭明先生明明说的只是"有一种教师"),质问他"有什么资格站在道德制高点居高临下对一线老师横加指责",还说"老师也是人,不是神"云云。还有人故作"深刻"以"制度原因"为由推脱自己的责任。

当时我真的目瞪口呆,明明王旭明同时还为一位 39 岁身高不足 1.2 米、1991 年开始在河北蔚县做代课教师的郭省鸣不平,无情地抨击贬损郭老师的前县委书记,呼吁社会要尊重像郭省这样的普通教师,可有些网友偏偏看不到这点,而说王旭明是"站在官方立场教训全国教师"!

明明白白的是非,现在在一些老师头脑中已经颠倒了,而且面不改色心不跳地颠倒。

然而,也有不少同样是一线老师的网友这样评论道——

可以不伟大,但不能不干净,更不能无耻!说得好!

俗话说,林子大了,什么鸟都有。教师队伍里,难免有些缺乏底线的人存在。我们所能做的,只有对得起自己的良心了。

当唯利是图已经腐蚀教师时,这部分教育土壤已经变质,损害的不是某个学生,而是一代人。

教师要干干净净做人,踏踏实实做事,方能培养人才,实现价值。

德高为师,用实际行动捍卫人民教师的崇高。

事在人为，不为，在人！有人说，不收，怎么办？我想，只要你的心够坚决，就没有人会强迫你！教师的底线就是不能够伸手，否则，就不配当！

……

这些留言的作者并非"官方"也非"政府发言人"，他们一样是辛勤在一线讲台的普普通通的老师，因此他们也没有想过要去"教训"谁，或作秀般地显示自己"高尚"，他们只是在说出发自内心的话。我认为，这样的老师才真正代表了千千万万有良知有骨气有底线的一线教师！

今天，面对吉美坚赞，置身于他的学校，看到他学校的老师，我想，难道他们就不是人，而是神？总有一种精神让人泪流满面，总有一种人穿越（不是超越）物质而追求精神！当然不应该强迫每一个老师都像吉美坚赞一样伟大，但是我们可以保持自己的"中间状态"——既非圣人也非小人，但不要堕入小人的境地，并且为小人叫好。我们可以不伟大，但不要嘲笑崇高，更不要为自己的庸俗而找一万条理由以求得心安理得甚至"理直气壮"！

灵魂深处的坚韧

吉美坚赞一直神态淡然，谈吐平和，但我们能够感到他胸中的智慧和灵魂深处的坚韧。

我知道，教育对他来说，已经不是一般意义上的事业，而是一种宗教，是一种真正意义上的信仰。

同样，这里的学生们对待学习，也不是一般意义上的"刻苦"，同样有宗教背景，有信仰的力量。本来学生中相当一部分人就是僧人，他们对学习继承自己所在的藏民族文化有着神圣的使命感，所以对学习才那么让我们不可思议的投入和沉醉。

他们的课堂上，并不缺乏现代文明气息，英语、计算机等代表现代文明的课程他们一样开设，但这里没有大都市所普遍存在的各种"文明"的侵扰，没有电子游戏的诱惑，没有复杂人际关系的纠结，没有这样或那样名利的挑逗……他们灵魂单纯，所以专注；他们心地善良，所以阳光；他们随时知足，所以幸福；他们语言朴实，所以深刻；他们拥有信仰，所以坚韧。

整整一天，吉美坚赞都陪着我们看，陪着我们转，我们被他们的一切所吸引，所震撼。但我没有听到吉美坚赞说过一句关于"特色"的话。他们现在取得了这么突出的教育成果，也没见他们请专家来归纳这个"理念"那个"模式"。整个校园，我没有看到一句类似于"以人为本"的口号，不，简直就是一条标语都没有！他们就那么朴素地上课，平和地教书，沉静地学习，淡定地生活……

当然，吉美坚赞因为是私人办学，所以也没有这样"迎检"那样"验收"，他远离了喧嚣，远离了纷扰。包括现在，尽管这所学校已经引起国内外的关注，但这里依然很宁静，平时极少有人来参观学习。因为这里交通实在不便，从西宁过来就要颠簸整整一天，又没有什么风景可看，对于那些以"考察""学习"为名而旅游的人来说，到这里来"成本太高"，吉美坚赞学校所以得以保持宁静。

唐卡课堂上，老师在讲解

我对同行的人说：在这里我才看到了真教育！这里的教育真正做到了归真返璞，回到了原点。

由吉美坚赞的藏区教育，我想到我们汉族的教育——我们和他们的差距不是在一流的硬件，不是在豪华的校舍，不是在雄厚的师资，更不是什么"教育理念""教学模式"之类，而在精神，他们有发自内心的对本民族文化的热爱，以及宗教信仰般的虔诚，还有因此而产生的不可战胜的力量！而我们很多人没有。

他们培养的是有信仰的人，而我们培养的很多人只是掌握现代科技的"工具"，是没有灵魂的躯壳。

晚餐吃了两个多小时，出来时天已经完全黑了。

我们看到校园里到处都是学生，不少人还在黑暗中背书，或就着路灯看书。

我问："这里的学生不上自习吗？"

吉美坚赞答："要上的，但我们的作业很少，几乎没有书面作业，也很少考试。但我们的学生每次考试在州里都名列前茅。"

我不再惊讶，因为学生课堂上那么专注，辩论时那么投入，还有早晚见缝插针地自觉读书背诵，学习成绩哪能不好？哪还需要老师布置什么"作业"呢？

按我们的习惯思维，自然会想到他们的"教学质量"。除前面我说到的，该校历届学生参加州里考试，各项指标均名列前茅、令人称奇之外，吉美坚赞给了我一组数据——

截至今年（2011年），共毕业14届学生，共683名。今年毕业的学生去向还未统计，前13届毕业的561名毕业生中，大学深造者207人，其中国外学习者29人；参加工作者193人，其中教师65人、自办学校4人、医生17人、寺院管理79人、经商28人。

一天的见闻，让我有太多的感动。我有一种想为吉美坚赞做点什么的冲动。但我知道我什么也做不了。我临时掏出两千元钱，交给吉美坚赞："太少，也做不了什么，算是一点心意吧！"

站得越高，眼前越开阔……

第二天早晨，天刚蒙蒙亮，我们准备返程。

放好行李，正要上车，突然吉美坚赞来了。我们很惊讶，当然也很感动。昨天对他说好今天早晨别送我们了，他也答应了。可今天吉美坚赞还是来了。

一一握手。再次合影。告别。

"再见！""再见！"我们的车在吉美坚赞善良目光的注视下，启动了。

太阳还没有升起，但霞光已经铺满天空。在霞光的映照下，一弯黄河格外耀眼。

汽车在山路上盘旋，阳光已经洒在远远近近的山巅，天际之间有了一抹辉煌。

站得越高，眼前越开阔，前方也越明亮。

"我这个学校，不培养当官的，不培养今后想出人头地的，想当官的想出人头地的别到我这学校来。我就培养好人，教学生学会做人，做一个对社会有用的人！"

——我们离拉加乡越来越远，但吉美坚赞的这几句话，一直在我耳边响着，直到此刻。

2011 年 9 月 17—21 日